RÈGLEMENTS

SUR

LES COURS D'EAU

NON NAVIGABLES

DU DÉPARTEMENT DE LA GIRONDE

ANNOTÉS

Par Ch. DOSQUET,

Ancien secrétaire général de la Préfecture de la Gironde, Membre du Conseil de Préfecture du même département, Chevalier de la Légion-d'Honneur et de l'Ordre de Charles III.

BORDEAUX

Maison LAFARGUE

L. CODERC, F. DEGRÉTEAU ET J. POUJOL, SUCCESSEURS

RUE DU PAS-SAINT-GEORGES, 28

1868

AVERTISSEMENT

_____

Le curage des cours d'eau non navigables ni flottables est l'un des objets qui intéressent le plus la propriété et l'agriculture dans le département de la Gironde ; c'est aussi l'un de ceux pour lesquels l'administration rencontre le plus de résistances suscitées par des intérêts privés, quand elle veut faire exécuter les mesures nécessaires pour assurer le libre écoulement des eaux.

Par une circulaire en date du 31 juillet 1847, le Préfet du département a rappelé que, d'après les anciens règlements qui, à cet égard, ont conservé toute leur force, le curage est à la charge des propriétaires riverains. Il a, en même temps, publié de nouveau les dispositions d'un arrêté du 23 janvier 1811, qui règle le mode suivant lequel les curages doivent être prescrits et effectués. Mais ces dispositions, suffisantes pour guider les Maires dans les cas ordinaires, cessent quelquefois de l'être quand il s'élève des difficultés sur les droits de l'administration et les obligations des riverains.

Pour aider à la solution de ces difficultés, il a paru utile de rechercher et de reproduire tous les actes qui, sous l'ancienne comme sous la nouvelle législation, sont intervenus relativement aux cours d'eau non navigables, en y ajoutant quelques notes destinées à faire connaître, soit celles de leurs dispositions qui ont cessé d'être applicables, soit les modifications que d'autres ont subies, soit l'interprétation que la jurisprudence a donnée à diverses questions dont la solution pouvait paraître douteuse.

Tel est l'objet du travail que nous avons entrepris.

Il reproduit d'abord le texte des actes de la législation moderne relatifs aux cours d'eau, attendu que l'exécution des anciens règlements locaux est nécessairement subordonnée à l'observation des principes généraux et des règles de juridiction que ces actes ont consacrés.

Parmi les dispositions des anciens règlements, il en est plusieurs qui sont étrangers au régime des cours d'eau non navigables ni flottables. Nous n'avons pas cru devoir les supprimer ; nous les avons même annotées comme les autres, dans la pensée que les Maires, ainsi que les propriétaires, pourraient y trouver quelques indications utiles.

LÉGISLATION MODERNE

SUR

LES COURS D'EAU NON NAVIGABLES NI FLOTTABLES

———

Loi en forme d'instruction, du 20 août 1790. Chapitre VI.

Les administrations de Département sont chargées de rechercher et d'indiquer les moyens de procurer le libre cours des eaux; d'empêcher que les prairies ne soient submergées par la trop grande élévation des écluses des moulins et par les autres ouvrages d'art établis sur les rivières; de diriger enfin, autant qu'il sera possible, toutes les eaux de leur territoire vers un but d'utilité générale, d'après les principes de l'irrigation.

Loi du 28 septembre. — 6 octobre 1791.

TITRE II. — Art. 15. Personne ne pourra inonder l'héritage de son voisin, ni lui transmettre volontairement les eaux d'une manière nuisible, sous peine de payer le dommage et une amende qui ne pourra excéder la somme du dédommagement.

Art. 16. Les propriétaires ou fermiers des moulins et usines construits ou à construire seront garants de tous dommages que les eaux pourraient causer aux chemins ou aux propriétés voisines, par la trop grande élévation du déversoir, ou autrement. Ils seront forcés de tenir les eaux à une hauteur qui ne nuise à personne et qui sera fixée par le Directoire du Département (1), d'après l'avis du Directoire du district. En cas de contravention, la peine sera une amende qui ne pourra excéder la somme du dédommagement (2).

---

(1) Maintenant par un arrêté du Gouvernement. — Voir, page 33, les observations sur l'article 25 de l'arrêté du préfet du 23 janvier 1811.

(2) Cette pénalité a été modifiée par l'article 457 du Code pénal.

Loi du 14 floréal an XI.

Art. 1er. Il sera pourvu au curage des canaux et rivières non navigables, et à l'entretien des digues et des ouvrages d'art qui y correspondent, de la manière prescrite par les anciens règlements, ou d'après les usages locaux.

2. Lorsque l'application des règlements ou l'exécution du mode consacré par l'usage éprouvera des difficultés, ou lorsque des changements survenus exigeront des dispositions nouvelles, il y sera pourvu par le Gouvernement dans un règlement d'administration publique, rendu sur la proposition du Préfet du Département, de manière que la quotité de la contribution de chaque imposé soit toujours relative au degré d'intérêt qu'il aura aux travaux qui devront s'effectuer.

3. Les rôles de répartition des sommes nécessaires au paiement des travaux d'entretien, réparation ou reconstruction, seront dressés sous la surveillance du Préfet, rendus exécutoires par lui ; et le recouvrement s'en opérera de là même manière que celui des contributions publiques.

4. Toutes les contestations relatives au recouvrement de ces rôles, aux réclamations des individus imposés et à la confection des travaux, seront portées devant le Conseil de préfecture, sauf le recours au Gouvernement, qui décidera en Conseil d'État.

Avis du Conseil d'État, du 24 ventôse an XII.

Le Conseil d'État qui, d'après le renvoi du Gouvernement, a entendu le rapport de la section de l'intérieur, tendant à rendre communes à la police des rivières non navigables les dispositions de la loi du 29 floréal an X ;

Est d'avis que la loi proposée ne peut être adoptée, et que les contraventions aux règlements de police sur les rivières non navigables, canaux et autres petits cours d'eau, doivent, selon les dispositions du Code civil et les lois existantes, être portées, suivant leur nature, devant les tribunaux de police municipale ou correctionnelle, et les contestations qui intéressent les propriétaires devant les tribunaux civils.

(Voir : Code civil, articles 640 à 645 ; — Code pénal, articles 457 et 471.)

ANCIENS RÈGLEMENTS LOCAUX

Arrest de la Cour du Parlement de Bordeaux (du 6 février 1710), portant homologation d'une Ordonnance rendue par M. le Grand Maître des Eaux et Forêts de Guyenne, servant de Réglement pour les moulins assis sur les Rivières et les Ruisseaux du Ressort, en conformité des anciens Réglements et Ordonnances.

Veu par la Cour la Requête à elle présentée par M° Léonard Jarrige Dubois sieur de Lacoste, Conseiller, Procureur du Roy en la Maîtrise particulière, établie à Bordeaux pour les Eaux et Forêts de Guyenne, tendante aux fins et pour les causes y contenues, à ce qu'il plaise à la Cour homologuer l'Ordonnance en forme de Réglement, rendue par le sieur Grand Maître des Eaux et Forêts, au sujet des Moulins qui sont sur les Ruisseaux de la Province, leurs Paissières, Chaussées et autres circonstances et dépendances, et ordonner qu'elle sera exécutée suivant sa forme et teneur dans toute l'étendue du Ressort de ladite Maîtrise, aux peines portées par icelle, et qu'il lui soit permis de la faire publier et afficher partout où besoin sera, ladite Requête signée de Lacoste, et Boudouère vieux, appointée, soit montré au Procureur Général du Roy, avec les conclusions de Monsieur le Procureur Général, signées d'Albessard, et veu aussi ladite Ordonnance du 26 janvier dernier. Dit a été que la Cour ayant égard à ladite Requête, et du consentement du Procureur Général du Roy, a homologué et homologue l'Ordonnance dudit jour 26 janvier dernier : ordonne qu'elle sera exécutée suivant sa forme et teneur dans l'étendue du Ressort de la Maîtrise particulière des Eaux et Forêts de Guyenne, aux peines portées par icelle ; à ces fins, permet audit Lacoste de la faire publier et afficher partout où besoin sera. Prononcé à Bordeaux, en Parlement, le 6 février 1710.

Messieurs { DALON, premier Président.
{ DENIS, Rapporteur.

S'ensuit la teneur de ladite Ordonnance.

NICOLAS DE BASTARD, Chevalier, Seigneur de l'Isle Chrétienne, Conseiller du Roy en ses Conseils, Grand Maître, Enquêteur et Général Réformateur des Eaux et Forêts de France au Département de Guyenne, Béarn, Bigorre, Labour, Païs de Soulle et Basse Navarre.

Sur ce qui a été représenté par Mᵉ Léonard de Lacoste, Conseiller et Procureur du Roy en la Maîtrise particulière des Eaux et Forêts de Guyenne, que quoiqu'il soit notoire que les Fleuves et Rivières sont publiques ou particulières, néanmoins cette différence ne laisse pas de former des contestations, sur lesquelles ledit Procureur du Roy a reçu diverses plaintes, soit par les Propriétaires des Moulins assis sur les Rivières et Ruisseaux, contre ceux qui ont des héritages aboutissant auxdites Rivières, Ruisseaux, et leurs Canaux servant lesdits Moulins, en ce qu'ils résistent au récurement, chacun en droit soi, suivant qu'il leur est enjoint par les anciennes Ordonnances et Réglements (1), et ceux-ci prétendant que les propriétaires desdits Moulins doivent tenir les chaussées d'une certaine hauteur fixée par lesdits Réglements, afin d'éviter les inondations fréquentes et empêcher le dommage du tiers voisin, et desdits aboutissans qui forment les mêmes contestations ; et pour donner une ample connaissance aux uns et aux autres de ce qu'ils sont obligez de faire, il est important de les assujettir à l'exécution des anciens Réglements, pour éviter les disculions fâcheuses et les différends continuels qu'ils sont obligez d'essuyer........... (2).

...... Et pour remédier aux inconvéniens qui arrivent tous les jours, ledit procureur du Roy nous requiert de vouloir ordonner l'exécution desdites Ordonnances, et de renouveler les susdits Réglemens : A quoi inclinant et faisant droit des remontrances

---

(1) Les recherches faites pour trouver le texte des Ordonnances et Règlements antérieurs à l'Arrêt de 1710 ont été infructueuses.

(2) Les passages supprimés avaient pour objet d'établir que la connaissance des discussions relatives aux eaux et aux moulins appartenait aux Officiers des Eaux et Forêts et non aux juges ordinaires.

dudit procureur du Roy, Nous susdit Grand Maître ordonnons
que les anciennes et nouvelles Ordonnances sur le fait des Eaux
et Forêts, Arrêts et Réglemens rendus à ce sujet seront exécutez selon leur forme et teneur; en conséquence, enjoignons à tous
propriétaires des Moulins assis sur les Rivières et Ruisseaux du
Ressort du Siége des Eaux et Forêts de Bordeaux, de tenir les
Chaussées desdits moulins plus basses d'un pan et demi (1) que
les fonds fermez des terres voisines, de bâtir lesdites Chaussées
en glacis et également basses dans toute leur longueur et étendue,
à ces fins lesdits propriétaires seront tenus de faire un échampoir
proche desdits Moulins (2), à moins qne la Chaussée fût si proche
qu'elle pût servir d'échampoir, ensemble de nettoyer et élargir
dans un mois pour tout délai le Canal desdits Moulins jusques
auxdites Chaussées. En outre ordonnons que dans le même délai
les propriétaires des terres voisines desdites Rivières et Ruisseaux
feront nettoyer et élargir le canal servant auxdits moulins, chacun
en droit soi, afin que les vaccans d'iceux ayent plus de quatre
pans (3) d'ouverture. Leur faisons inhibitions et défenses de retenir les eaux au-dessus de huit pans (4) au devant desdits moulins,
pour éviter l'inondation des tiers voisins, le tout à peine de cinq
cens livres d'amende contre chacun des contrevenans (5), et des
dommages causez ou soufferts par les propriétaires desdites terres
voisines, auquel effet après ledit délai, ordonnons que par les
Officiers de la Maîtrise de Bordeaux il sera fait une visite générale, état et procès-verbal desdits Moulins, Rivières, Chaussées
et Canaux, leurs Paissières et Assiette, Recurement et Nettoye-
ment, ensemble des réparations et ouvrages qu'il conviendra faire
pour détourner les ravages et dommages qui pourraient arriver
faute d'icelles et par lesdites inondations; pour ledit procès-

---

(1) 33 centimètres. — La longueur du *pan* était de 8 pouces, ancienne
mesure, ou 22 centimètres.

(2) Voir l'art. 25 de l'arrêté du 23 janvier 1811, et la note sur cet article.

(3) 88 centimètres.

(4) 1 mètre 76 centimètres.

(5) Cette pénalité n'est plus applicable. Elle a été remplacée par celle
de la loi du 6 octobre 1791, puis de l'article 457 du Code pénal.

verbal fait, à Nous rapporté ou audit Siége des Eaux et Forêts, y être pourvu ainsi qu'il appartiendra....

Fait à Agen, le 20 janvier 1710. Signé BASTARD. Et par mondit sieur le Grand Maître, PERRIN. Collationné, signé ROGER, greffier.

Ordonnance de l'Intendant de la Généralité de Bordeaux, du 19 mars 1722.

DE PAR LE ROY,

Claude Boucher, Chevalier, seigneur Desgouttes, Hebecourt, Sainte-Geneviève, et autres lieux, Conseiller du Roy en ses Conseils, Conseiller d'honneur au Parlement de Bordeaux, Président honoraire en la Cour des Aydes de Paris, Intendant de Justice, Police et Finances en la Généralité de Bordeaux,

Sur les plaintes que nous avons reçues de divers endroits de cette Généralité, du dommage causé par les debordements de plusieurs Ruisseaux, aux moindres pluyes qui surviennent, par la négligence qu'ont les propriétaires des héritages Riverains desdits Ruisseaux, à les recurer, et à ôter les Arbrisseaux, Ronces, Broussailles et autres choses qui empêchent que les eaux desdits Ruisseaux n'ayent un cours libre;

Nous avons été aussi informé que les propriétaires des Terres voisines des Chemins Royaux et Publics de cette Généralité, n'ont aucune attention à entretenir les Fossez desdits Chemins, ce qui est cause que lesdits Chemins sont en très mauvais état dans plusieurs endroits, quoique lesdits propriétaires Riverains soient obligez par les Ordonnances à entretenir et recurer lesdits Fossez (1); à quoi étant nécessaire de pouvoir pour le bien du public.

---

(1) Aux termes de l'article 4 de l'arrêt du Conseil du 3 mai 1720, les propriétaires riverains étaient tenus d'entretenir et de curer, chacun en droit soi, les fossés des chemins royaux (maintenant routes nationales et routes départementales), et de faire jeter sur leurs héritages ce qui provenait du curage.

La loi du 12 mai 1825 a exonéré les riverains de la charge du curage. Elle porte : « ARTICLE 2. A dater du 1er janvier 1827, le curage et l'en- » tretien des fossés qui font partie de la propriété des routes royales et » départementales, seront opérés par les soins de l'administration

Nous ordonnons, que dans un mois de la publication qui sera faite de la présente Ordonnance, les propriétaires des héritages aboutissans auxdits Ruisseaux, seront tenus, chacun dans l'étendue de leurs possessions, de recurer lesdits Ruisseaux, et d'ôter et couper tous les Arbres, Ronces, Arbrisseaux, Broussailles et autres choses qui portent obstacle à ce que les Eaux desdits Ruisseaux ayent leur cours libre. Ordonnons pareillement que lesdits propriétaires des fonds joignans les Chemins Royaux et Publics, dans l'étendue de cette Généralité, seront tenus, chacun en droit soi, de recurer et entretenir les Fossez qui doivent être des deux côtez desdits Chemins, dans la largeur et profondeur portée par les Réglements, et faute par lesdits propriétaires Riverains, tant desdits Ruisseaux que Chemins, de satisfaire à la présente Ordonnance dans ledit délai d'un mois; Ordonnons que sur les Ordres qui seront donnez par nos Subdeleguez, il sera mis des Ouvriers et Manœuvres pour faire lesdits recuremens et netoyemens, aux frais et depens desdits propriétaires des Fonds, lesquels seront contrains au payement de la dépense qui aura été faite en vertu de la pré-

---

» publique, et sur les fonds affectés au maintien de la viabilité desdites
» routes. »

Mais cette disposition n'a pas affranchi les riverains de l'obligation de recevoir sur leurs terrains les terres provenant du curage. Ainsi jugé par un arrêt du Conseil d'État du 16 mars–2 avril 1849, portant annulation d'un arrêté du Conseil de préfecture de la Gironde, du 9 juin 1847. Cet arrêt est motivé ainsi qu'il suit :

« Considérant que l'article 4 de l'arrêt du Conseil d'État du 3 mai
» 1720 impose aux propriétaires riverains des grandes routes deux
» charges distinctes, dont l'une consiste à entretenir et curer les fos-
» sés de ces routes, et l'autre à recevoir sur leurs terres ce qui provient
» du curage; que si l'article 2 de la loi du 42 mai 1825 a mis à la charge
» de l'administration le curage et l'entretien des fossés qui font partie
» de la propriété des routes nationales et départementales, ni cet arti-
» cle, ni aucune autre disposition de loi ou de réglement n'a affranchi
» les propriétaires riverains desdites routes de l'obligation de recevoir
» sur leurs terres le produit du curage.

Les fossés des chemins vicinaux, tant de grande communication qu'ordinaires, sont entretenus et curés au moyen des ressources affectées à ces chemins. (Art. 76 de l'arrêté réglementaire du 13 avril 1837, pour l'exécution de la loi du 21 mai 1836, dans le département de la Gironde.)

sente Ordonnance, après que les Etats en auront été arrêtez par nosdits subdeleguez, auxquels nous enjoignons, de même qu'aux Officiers de Justice des Lieux, Maires, Consuls et Sindics des Villes, Lieux et Paroisses de cette Généralité, de tenir la main à l'exécution de la présente Ordondance : Prions aussi les Seigneurs dans l'étendue de leur Justice et Seigneurie, de tenir de leur part la main à l'exécution de la présente Ordonnance, laquelle sera luë, publiee et affichée par tout où besoin sera, à ce qu'aucun n'en prétende cause d'ignorance. Fait à Bordeaux, le 19 mars 1722. Signé, BOUCHER. Et plus bas, par Monseigneur, DUPIN.

Arrest du Conseil d'Estat du Roy, portant réglement pour le Recurement des Rivières, Ruisseaux, Canaux et Fossez.
Du 27 septembre 1729.

Le Roy étant informé qu'au préjudice de la disposition expresse des articles 42 et 43 (1) du titre de la Police et conservation des Forêts, Eaux et Rivières, de l'Ordonnance de 1669, plusieurs particuliers de la Province de Guyenne ont fait bâtir des Moulins: Quays et Pêcheries, fait des amas de pierres, fait planter des Arbres dans le cours des Rivières navigables et flotables, et le long des bords d'icelles, sans en avoir obtenu permission de Sa Majesté : Que plusieurs Communautez et particuliers négligent de faire curer leurs Rivières, Ruisseaux, Canaux et Fossez, y plantent des Arbres, ce qui empêche que les eaux n'ayent leur cours, et par là les fonds voisins sont exposez à des inondations qui les ravagent aux moindres orages et pluyes qui surviennent, par le refoulement et retenue des eaux; quelques-uns après avoir fait faire le curement desdites Rivières dans l'étendue des Terres qu'ils possèdent, sont bientôt privez de l'avantage qu'ils en doivent espérer, parce que certaines personnes mal intentionnées ou peu attentives à la conservation de leur propre bien, négligent d'en faire faire le recurement dans l'étendue de leur terrain, que même il s'en trouve qui envoyent indiscrétement paître leurs bestiaux le long des bords desdites Rivières, Fossez, Ruisseaux et Canaux, ce qui en abat

---

(1) Ces articles ne sont relatifs qu'aux fleuves et rivières navigables et flottables.

totalement les bords, et ce qui en occasionne le comblement, et cause un dommage très-considérable aux Communautez et aux Particuliers qui en sont riverains ; que d'ailleurs, quoiqu'il n'y ait que les Juges établis pour le fait des Eaux et Forêts qui puissent connaître de la police des Eaux et Rivières (1), cependant plusieurs Communautez et particuliers se pourvoient pour raison desdits faits pardevant d'autres Juges, ce qui est contraire aux Articles 1er et 14 du Titre de la Jurisdiction des Eaux et Forêts, et à l'Article 23 du Titre des Grands Maîtres, de l'Ordonnance de 1669. A quoi étant nécessaire de pourvoir : Ouï le Rapport du Sieur le Peletier, Conseiller d'Etat ordinaire et au Conseil Royal, Controlleur Général des Finances. LE ROY EN SON CONSEIL, a ordonné et ordonne que les Articles 42 et 43 du Titre de la Police et conservation des Forêts, Eaux et Rivières, de l'Ordonnance de 1669, seront exécutez selon leur forme et teneur. En conséquence, fait Sa Majesté inhibitions et défenses à tous Particuliers de faire des Moulins, Écluses, Murs, Quays, Pêcheries et autres édifices dans les Rivières navigables et flotables, et aux bords d'icelles, sans en avoir obtenu permission de Sa Majesté, et d'y faire aucun amas de Pierres, Fascines et plants d'Arbres qui pourraient nuire à la navigation, aux peines portées par ladite Ordonnance. Enjoint Sa Majesté à toutes Communautez et particuliers qui auront négligé de faire faire le curement de leurs Rivières, Ruisseaux Canaux et Fossez, d'y faire travailler incessamment, conformément au Réglement des Eaux et Forêts, et de les entretenir en bon état, à peine de cinquante livres d'amende (2) : Fait très-expresses inhibitions et défenses à tous Particuliers, Métayers et Laboureurs de mener et laisser paître leurs bestiaux sur les bords

---

(1) La police des eaux et rivières n'est plus soumise à une juridiction unique, comme elle l'était sous l'empire de l'ancienne législation. Une distinction radicale existe entre la police des fleuves et rivières navigables et flottables, qui est dévolue aux Préfets et aux Conseils de préfecture, et celle des cours d'eau non navigables ni flottables.

Voir, pour ces derniers, l'avis du Conseil d'État du 24 ventôse an XII page 6.

(2) Cette amende n'est plus applicable. — Voir, page 29, l'art. 18 de l'arrêté du 23 janvier 1811 et les observations sur cet article.

desdites Rivières et Ruisseaux, Canaux et Fossez, sans qu'il y ait un Pastre qui veille à ce que lesdits bestiaux ne causent l'éboulement desdits bords , à peine de vingts livres d'amende (1), et de réparer à leurs frais et dépens le dommage causé par lesdits bestiaux. Fait aussi Sa Majesté inhibitions et défenses à toutes Communautez et Particuliers de la Province de Guyenne, de quelque état et condition qu'ils soient, de se pourvoir pour raison du fait dont est question, ailleurs que pardevant le Grand Maître des Eaux et Forêts, conformément à l'art. 23 du Titre des Grands Maîtres, de ladite Ordonnance de 1669, et à tous Juges d'en connaître en première instance, conformément à l'Article 14 du Titre de la Jurisdiction des Eaux et Forêts de la même Ordonnance. Enjoint Sa Majesté audit Sieur Grand Maître du Département de Guyenne de tenir la main à l'exécution du présent Arrêt, qui sera enregistré, lû, publié et affiché où besoin sera, et exécuté nonobstant toutes oppositions et appellations quelconques, pour lesquelles ne sera différé. Fait au Conseil d'État du Roy, tenu à Versailles le vingt-septième jour de Septembre mil sept cens vingt-neuf. POUR LE ROY. *Collationné.* Signé GUYOT.

(Enregistré au Greffe de la Cour de la Maîtrise particulière des Eaux et Forêts de la Province de Guyenne, à Bordeaux, le 16 janvier 1730.)

———

Arrest des Juges en dernier ressort au Siège général de la Table de Marbre du Palais à Bordeaux, portant Règlement pour le curement et Entretien des Ruisseaux; Esteys, Canaux, Fossez, et petites Rivières, et pour la hauteur des Chaussées des Moulins situés sur les Ruisseaux et petites Rivières.
Du 15 juillet 1749.

Ce jour le Procureur Général du Roy étant entré, a dit, Qu'il croiroit manquer à une de ses plus essentielles obligations, s'il

---

(3) Cette disposition, non reproduite dans l'arrêté réglementaire du 23 janvier 1811, pourrait être appliquée par le Conseil de préfecture, mais seulement en ce qui concerne les rivières navigables ou flottables. En cas de dégradation des digues ou autres ouvrages construits pour la sûreté et facilité de la navigation et du halage, la peine serait une amende de 16 fr. à 300 fr., suivant les dispositions combinées de l'art. 44 de l'arrêt du Conseil du 24 juin 1777, et de la loi du 23 mars 1842.

différoit plus longtems de dénoncer à la Cour les plaintes qui lui sont adressées chaque jour au sujet de la négligence ou des entreprises de certains particuliers sur les petites Rivières, Ruisseaux, Esteys, Fossés et Canaux de ce Ressort : entreprises d'autant plus pernicieuses, que par les débordemens qu'elles occasionnent, elles détruisent les foibles espérances d'une Récolte déjà bien diminuée par l'intemperie de l'air et le dérangement des saisons, et causent des maladies dangéreuses par les exhalaisons infectes des eaux, qui n'ayant plus de cours, croupissent dans les fonds qu'elles inondent, et corrompent l'air qu'on y respire.

Si l'avarice de certains Propriétaires occasionne une partie des désordres dont on se plaint, il y a tout lieu de croire que l'ignorance des règles et des obligations que prescrivent les Ordonnances, Reglements et Arrêts du Conseil, y contribuë beaucoup.

Que quoique l'exécution de ces Loix soit si fortement recommandée aux Officiers des Maîtrises, qu'ils ne peuvent, sans se rendre coupables d'une négligence criminelle, différer de les rendre notoires, et de les faire exécuter ; néanmoins, à en juger par les plaintes journalières, par les abus et les désordres dont lui-même qui parle, est témoin, on ne peut guéres s'empêcher de soulever des soupçons, sinon contre la mauvaise volonté des Officiers de la Maîtrise de Guienne, du moins contre leur tiédeur et leur inapplication à une de leurs plus indispensables obligations.

Que sans chercher au loin des exemples de ce qu'il avance, on peut voir aux portes même de cette Capitale du Ressort, de trop funestes effets des débordemens et des inondations occasionnées par la négligence des particuliers et des Communautés, à faire curer leurs Canaux, Esteys, Ruisseaux et Fossés, ou par la témérité de certains d'entre eux, qui au mépris de l'Ordonnance et des Arrêts du Conseil, entreprennent de changer le cours ancien et naturel des eaux, de les retenir par des Digues, Chaussées et autres édifices qui en arrêtent le cours, et les font refouler au loin ; ce qui occasionne ces débordemens affreux qui rendent stérile une étendue immense de terrain.

Que tels sont les débordemens causés par le refoulement des eaux du Peugue : cette petite Rivière, qui venant des Landes, traverse l'Enclos des Pères Chartreux et toute la Ville, et dont les eaux arrêtées soit par la saleté et l'élévation de son lit, soit par les Digues, Chaussées, murs ou autres ouvrages construits dans son Canal ou sur ses bords, forment contre le mur des PP. Chartreux un refoulement et une inondation immense, dont les eaux croupies couvrent actuellement un terrain très-considérable, qui devient inculte par ce moyen, et qui dans les grandes chaleurs pourroit devenir pernicieuse aux Habitants de cette Ville et des environs, si l'on n'y remédie promptement. Que le Médoc, l'entre deux Mers, et toutes les autres parties de ce Ressort, sont dans le même cas; nombre de particuliers ont le mal au cœur de voir leurs possessions submergées, par l'avarice ou la négligence de ceux qui bordent les Fossés, Canaux et Esteys destinés à les dessécher.

Que l'observation des Art. XLII, XLIII et XLIV de l'Ordonnance de 1669, au titre de la Police et conservation des eaux et Rivières; du Réglement de 1710, sur la hauteur des Digues et Chaussées des Moulins, et de l'Arrêt du Conseil du 27 septembre 1729, rendu pour la Province de Guienne au sujet du curement des Canaux, Esteys, Fossés, Ruisseaux et petites Rivières, auroit prévenu tous ces désordres dont on se plaint, si les Officiers de la Maîtrise avoient voulu y tenir la main: mais ces Arrêts, comme toute autre Loi, deviennent inutiles, si l'exécution ne suit de près; c'est l'exécution qui est l'âme de la Loi; sans elle, le Législateur parle en vain.

Que de toutes les Parties du Ressort on réclame l'observation de ces Loix, dont les dispositions sont si violées. Le nombre ni la qualité des contrevenans ne sçauroit donc suspendre le zèle et les démarches de lui qui parle : libre de tout respect humain, quand les bienséances et les égards qu'il exige, ne s'accordent pas avec le bien public et les régles de l'équité, il croiroit manquer à ce qu'il doit à la Société comme Citoyen, à la Justice et au bon ordre comme chargé du Ministère public en cette Partie, s'il gardoit plus longtemps le silence sur un objet aussi intéressant.

ATANT requiert que les Art. XLII, XLIII et XLIV de l'Ordonnance de 1669, au tit. de la Police et conservation des eaux et Rivières; le Réglement de 1710, sur la hauteur des eaux dans les

Canaux des Moulins, et celle des Chaussées, des Ruisseaux et petites Rivières ; l'Arrêt du Conseil du 27 Septembre 1729, sur le
fait du curement et entretien des Rivières, Ruisseaux, Esteys, Canaux et Fossés de la Province de Guienne, soient exécutés selon
leur forme et teneur : qu'en conséquence il soit enjoint aux Propriétaires et Communautés, dont les fonds sont bordés ou traversés, tant par le Ruisseau du Peugue, qui traverse l'Enclos des
Pères Chartreux, que par les autres Ruisseaux, Esteys, Canaux,
Fossés et petites Rivières du Ressort, de les faire curer et nettoyer
chacun en droit soi, conformément à l'Arrêt du Conseil de 1729,
de leur donner la largeur et profondeur nécessaire, de faire enlever les piquets, murs, amas de pierres, fascines et autres obstacles qui y occasionnent le refoulement et le débordement des
eaux. Qu'il soit aussi enjoint aux Communautés et aux Particuliers
qui ont détourné le cours des Ruisseaux et petites Rivières, de les
rétablir dans leurs Canaux et cours anciens et naturels, de réduire
leurs Digues et Chaussées à la hauteur convenable et prescrite par
les Réglemens, le tout dans le délai d'un mois, après la publication
du présent Règlement, à peine de 50 liv. d'amende contre chaque
refusant. Qu'à ces fins il soit ordonné que l'Arrêt qui interviendra,
sera lu, publié, affiché et signifié à la requête de lui qui parle, à
qui et par tout où besoin sera. Qu'il soit enjoint aux Procureurs
du Roi des Maîtrises, et aux Procureurs des Grueries, de le faire
exécuter par les Officiers de leurs Siéges, dans le même délai d'un
mois ; et faute par eux de faire les diligences nécessaires dans la
quinzaine suivante, attendu le danger du retardement, permettre
à lui qui parle, de faire procéder, aux formes prescrites, et à la
moins dite, au curement et réparations desdits Ruisseaux, Esteys, Fossés, Canaux et petites Rivières, et d'en répéter les frais
contre les Propriétaires, chacun en droit soi. *Signé*, THIBAUT.

LES JUGES ORDONNÉS PAR LE ROI POUR JUGER SOUVERAINEMENT,
EN DERNIER RESSORT ET SANS APPEL, LES PROCÈS DE REFORMATION
DES EAUX ET FOREST DE FRANCE AU SIÈGE GÉNÉRAL DE LA TABLE DE
MARBRE DU PALAIS A BORDEAUX, Faisant droit sur le Réquisitoire
du Procureur Général du Roi en cette Cour, ordonnent que les
Articles XLII, XLIII et XLIV de l'Ordonnance de 1669, au titre de
la Police et conservation des eaux et Rivières, le Réglement du

mois de janvier 1710, au sujet des Moulins assis sur les petites Rivières et Ruisseaux, et l'Arrêt du Conseil du 27 septembre 1729, portant Réglement pour le curement et entretien des Rivières, Ruisseaux, Esteys, Canaux et Fossés, seront exécutés selon leur forme et teneur; en conséquence,

ARTICLE PREMIER. Enjoignent à tous les Propriétaires dont les fonds sont bordés ou traversés, tant par le Ruisseau du Peugue, qui traverse l'Enclos des Pères Chartreux et la présente Ville, que par les autres Ruisseaux, Esteys, Fossés, Canaux et petites Rivières du Ressort de cette Cour, de les faire nettoyer et curer à la largeur et profondeur nécessaire et convenable, chacun en droit soi, dans le délai d'un mois, du jour de la publication du présent Arrêt, à peine contre chacun des contrevenans de cinquante livres d'amende, et de tous les dépens, dommages, intérêts, occasionnés par le défaut desdits curemens.

II. Leur enjoignent de faire enlever desdits Ruisseaux, Esteys, Fossés, Canaux et petites Rivières, dans le même délai, et sous la même peine, les piquets, murs, amas de pierres, fascines et autres obstacles qui arrêtent le cours libre et naturel des eaux, et en occasionnent le refoulement et le débordement sur les fonds voisins et supérieurs.

III. Leur enjoignent pareillement de rétablir, dans le même délai, et sous la même peine, dans leurs Canaux et cours anciens et naturels, les Ruisseaux et petites Rivières qui en ont été détournés.

IV. Et afin que les fonds voisins des Canaux et Réservoirs des Moulins ne soient pas inondés, font inhibitions et défenses lesdits Juges, à tous Propriétaires des Moulins assis sur les Ruisseaux et petites Rivières, de retenir les eaux au dessus de huit pans, ou cinq pieds et demi, au devant les Moulins, à peine de cinq cens livres d'amende, et de tous dépens, dommages, intérêts soufferts par les Propriétaires des terres voisines.

V. Enjoignent aux Propriétaires desdits Moulins, d'en tenir les Chaussées un pan et demi, ou un pied plus basses que les fonds fermes des terres voisines; de bâtir lesdites Chaussées en glacis, et également basses dans toute leur étendue et longueur; à ces fins seront tenus les Propriétaires de faire un Echampoir proche lesdits Moulins, à moins que la Chaussée elle-même, par sa proximité, puisse servir d'Echampoir ; leur enjoignent en outre de nettoyer et élargir les Canaux desdits Moulins jusques audites Chaussées.

Ordonnent que le présent Arrêt sera lu, publié, affiché et signifié à la requête du Procureur Général du Roi de cette Cour, à qui et partout où besoin sera. Enjoignent à ses Substituts aux Siéges des Maîtrises, et aux Procureurs des Grueries, de le faire exécuter par les Officiers de leurs Siéges, dans le même délai d'un mois ; et faute par eux de faire les diligences convenables dans la quinzaine suivante, permettent audit Procureur Général de faire procéder, aux formes prescrites, et à la moins dite, au curement et réparations nécessaires desdits Ruisseaux, Esteys, Canaux, Fossés et petites Rivières, et d'en répéter les frais contre les Propriétaires, chacun en droit soi.

Prononcé à Bordeaux, en la chambre du dernier Ressort de la Table de Marbre du Palais, le 15 juillet 1749.

Monsieur LEBERTHON, Premier Président.

Collationné. *Signé*, Barrière, Greffier.

Arrêt en dernier ressort de la Cour de la Table de Marbre du Palais, à Bordeaux, portant réglement pour le recurement des Esteys, Ruisseaux et Canaux y aboutissans. (1)

Du 8 juillet 1754.

Ce jour, le Procureur général du Roi en cette Cour, étant entré, a dit :

Que le réglement qui y fut fait par l'arrêt du 15 juillet 1749, pour le curement et entretien des Ruisseaux, Fossés, Canaux, Esteys et petites Rivières aurait produit d'heureux effets, si tous ceux que son exécution intéressent y avaient concouru, ou si les Officiers des Maîtrises, auxquels l'exécution en fut principalement commise, avaient agi pour vaincre les résistances à une loi aussi

(1) L'original de cet arrêt est dans les archives de la Mairie de Marmande (Lot-et-Garonne).

importante ; mais les plaintes générales sur cet objet multiplient
chaque jour, et elles paraissent d'autant plus fondées, que quan-
tité de fonds sont encore stériles, et que, sur d'autres, les plus
belles apparences des récoltes sont ruinées, parce que les mêmes
desordres subsistent au près comme au loin de cette Capitale du
ressort. Les opérations ou fonctions particulières des Officiers de
la Maîtrise de Guyenne leur ont cependant fourni diverses occa-
sions de les apercevoir. Le Ruisseau qui sépare les paroisses de
Virelade et d'Arbanats, comme plusieurs autres, s'est plusieurs
fois présenté sur leurs pas avant et depuis 1749 ; mais ou ils n'ont
pas aperçu, ou ils ont voulu dissimuler que le mauvais état de ce
ruisseau, des canaux, esteys et fossés des deux paroisses qui y
dégorgent, inondent depuis le pont de Virelade jusqu'à la rivière
de Garonne, des possessions vastes et qui seraient précieuses si le
curement, l'entretien et le bon état du ruisseau et des fossés les
desséchaient et mettaient à l'abri des inondations. Quel que soit le
motif de l'inaction des Officiers de la Maîtrise sur un objet que le
bien public, la justice et le bon ordre rendent aussi intéressant, il
n'est plus permis à lui qui parle de suspendre les démarches que
le règlement de 1749 lui permet ou plutôt dont il lui impose l'obligation au défaut des Officiers des Maîtrises.

Attant requiert être ordonné que les articles 42, 43, 44 et 45 du
titre de la Police de l'Ordonnance de 1669, l'Arrêt du Conseil du
27 Septembre 1729, et les règlemens de 1710 et 1749 seront exécutés selon leur forme et teneur ; en conséquence être enjoint que
tous les propriétaires des fonds riverains au ruisseau qui sépare
les paroisses de Virelade et d'Arbanats depuis le pont de Virelade jusqu'à la rivière de Garonne, cureront ou feront curer, chacun en droit soi, à vieux bords et vieux sol, dans le mois, pour
tout délai, du jour de la publication de l'arrêt qui interviendra et
sans espérance d'autre, ledit ruisseau, les canaux, esteys et fossés
qui y dégorgent, qui séparent les possessions et servent à les dessécher, qu'ils les mettront à la largeur et profondeur nécessaires
et suffisantes afin qu'ils contiennent les eaux qu'ils doivent recevoir et qu'elles n'en surpassent pas les bords ; qu'il leur soit enjoint d'enlever de l'intérieur dudit ruisseau, desdits fossés, esteys
et canaux, toutes les boues, vases et pierres, et de couper et enle-

ver, tant dans l'intérieur que sur les bords, tous les troncs, racines, arbres, ronces et buissons qui interrompent et peuvent interrompre le cours libre des eaux, à peine de 50 livres d'amende, qui sera encourue de plein droit en vertu du présent arrêt, par chaque refusant, et payable sans déport, en tous dépens, dommages et intérêts causés par le retardement desdits curements et réparations ; qu'il soit enjoint à tous les propriétaires du ressort, dont les possessions bordent les ruisseaux, esteys, fossés, canaux et petites rivières, d'y faire chacun en droit soi et dans le même délai d'un mois après la publication de l'arrêt, sans espérance d'autre, les curemens, ouvrages et réparations marqués ci-dessus, et sous les mêmes peines d'amende, dommages et intérêts ; permettre à lui qui parle, ledit délai d'un mois passe, sans qu'il soit besoin d'autre arrêt, de faire procéder auxdits curements et réparations aux formes prescrites, et aux dépens des refusans, chacun en droit soi, dont exécutoire lui sera délivré : en conséquence lui permettre de faire saisir les fruits de leurs heritages pour servir au payement des ouvriers nonobstant toutes autres saisies faites ou à faire, sauf celles pour les deniers et affaires de Sa Majesté ; à ces fins enjoindre, tant aux officiers des paroisses de Virelade et d'Arbanats qu'à tous autres officiers des juridictions royales et seigneuriales du ressort, d'y faire publier et afficher l'arrêt qui interviendra, à l'issue des messes Paroissiales, et d'en certifier lui qui parle ; enjoindre pareillement auxdits officiers de faire, un mois après ladite affiche et publication de l'arrêt, chacun dans sa juridiction, leurs verbaux de l'état des ruisseaux, esteys, canaux, fossés et petites rivières, d'y marquer les parties dont les curements et autres opérations prescrites et nécessaires pour leur bon état et cours libre des eaux, sont en demeure, et d'envoyer huitaine après au greffe de cette Cour, les minutes desdits verbaux, pour iceux vérifiés, s'il y a lieu, et à la vue d'iceux être délivré auxdits officiers exécutoires des frais et vacations contre les propriétaires qui se trouveront dans la contravention et désobéissance, et sur lesdits verbaux être requis et ordonné ce qu'il appartiendra, à peine, contre lesdits officiers de 50 livres d'amende envers le Roi, et de répondre aussi en leur propre et privé nom des dommages et intérêts causés par les retardemens desdits curements et réparations ; enjoindre aussi à tous les propriétaires, lesdits curemens et réparations prescrites une fois faites, de tenir à l'avenir lesdits fossés, esteys, canaux et petites rivières en bon état, ce fesant, de les curer et nettoyer tous les trois ans pour le plus tard, à vieux bord et vieux sol, et d'y faire les autres ouvrages nécessaires pour le cours libre des eaux, et aux officiers desdites juridictions Royales et Seigneuriales, d'en faire la visite aussi tous les trois ans, dans le mois d'octobre, d'en dresser et envoyer les verbaux, le tout aux mêmes peines, contre chaque contrevenant ; et afin que personne ne l'ignore, ordonner que le présent arrêt sera imprimé, lu, publié et affiché aux portes de chacune des Églises Paroissiales du Ressort, et partout où besoin sera, et à cet effet copie et exemplaires d'icelui envoyés aux officiers de chaque juridiction. *Signé :* THIBAUT.

Les juges ordonnés par le Roi pour juger souverainement en dernier ressort et sans appel les procès des réformations des eaux et forêts de France, au siége général de la Table de Marbre du Palais, à Bordeaux, faisant droit de réquisitoire du Procureur-général du Roi en cette Cour, ont ordonné et ordonnent que les articles 42, 43, 44, 45 du titre de la police de l'ordonnance de 1669, les réglemens de 1710 et 1749, l'arrêt du Conseil du 27 Septembre 1729, seront exécutés selon leur forme et teneur ; en conséquence, ordonnent :

Art. 1er Que, dans un mois, pour tout délai, du jour de la publication du présent arrêt, sans espérance d'autre, tous les propriétaires des fonds riverains au ruisseau qui sépare les paroisses de Virelade et d'Arbanats, depuis le pont de Virelade jusqu'à la rivière de Garonne, cureront ou feront curer, chacun en droit soi, à vieux bords et vieux sol, le dit ruisseau, les canaux, esteys et fossés qui y dégorgent et y communiquent, et leur donneront la largeur et profondeur nécessaires et suffisantes afin qu'ils contiennent les eaux qu'ils doivent naturellement recevoir et qu'elles n'en surpassent pas les bords.

Art. 2. Que lesdits propriétaires enlèveront de l'intérieur desdits ruisseaux, desdits canaux, esteys et fossés, toutes les boues, vases et pierres, couperont et enlèveront, tant dans l'intérieur que sur les bords, tous les troncs, racines, arbres, ronces et buissons qui y interrompent et peuvent interrompre le cours libre des eaux, le tout à peine de 50 livres d'amende envers le Roi, laquelle ne pourra être modérée et sera encourue de plein droit en vertu du présent arrêt, et payée sans déport par chaque refusant, et de tous dépens, dommages et intérêts causés par les retardemens desdits curemens et autres réparations.

Art. 3. Ordonnent, lesdits juges, à tous les propriétaires du ressort, dont les possessions bordent les ruisseaux, canaux, esteys, fossés et petites rivières, d'y faire aussi, chacun en droit soi, les curements, ouvrages et réparations marquées ci-dessus, dans le même délai et sous les mêmes peines d'amende et de dommages et intérêts marqués en l'article précédent contre chaque contrevenant.

Art. 4. Permettent au Procureur général du Roi en cette Cour, ledit délai d'un mois passé, sans qu'il soit besoin d'autre arrêt, de faire procéder auxdits curemens et réparations aux formes prescrites et aux dépens des refusans, chacun en droit soi, dont exécutoire lui sera délivré ; en conséquence, lui permettent de faire saisir les fruits de leurs héritages pour servir au payement des ouvriers, nonobstant toutes autres saisies faites ou à faire, sauf celles pour les deniers et affaires de Sa Majesté.

Art. 5. A ces fins, enjoignent lesdits juges, tant aux officiers des paroisses de Virelade et d'Arbanats, qu'à tous officiers de juridictions Royales et Seigneuriales du ressort, d'y faire publier et afficher le présent arrêt à l'issue des messes paroissiales, et d'en certifier le Procureur général de cette Cour dans huitaine.

Art. 6. Enjoignent pareillement auxdits Officiers de faire, un mois après ladite affiche et publication, chacun dans sa juridiction, leurs verbaux de l'état des ruisseaux, esteys, fossés et canaux et petites rivières, d'y marquer les parties dont les curemens et autres opérations prescrites et nécessaires pour leur bon état et cours libre des eaux, sont en demeure, et d'envoyer, huitaine après, au greffe de la Cour les minutes desdits verbaux, pour iceux vérifier, s'il y a lieu, et à la vue d'iceux être délivré auxdits Officiers exécutoire des frais et de leurs vacations contre les propriétaires qui se trouveront dans la contravention et désobéissance, et sur lesdits verbaux être requis et ordonné ce qu'il appartiendra, à peine, contre lesdits Officiers de chaque juridiction, de 50 livres d'amende envers le Roi, et de répondre aussi en leurs propres et privés noms des dommages et intérêts causés par les retardements desdits curements et réparations.

Art. 7. (Lesdits curements et réparations prescrites une fois faites) ordonnent lesdits juges à tous propriétaires de tenir à l'avenir lesdits fossés, esteys, canaux et petites rivières en bon état ; ce faisant, de les curer et nettoyer, une fois au moins tous les trois ans, à vieux bord et vieux sol, et d'y faire les autres ouvrages prescrits et nécessaires pour le cours libre des eaux, et aux Officiers desdites juridictions Royales et Seigneuriales d'en faire aussi tous les trois ans et dans le mois d'octobre la visite, en dresser et envoyer les procès-verbaux au greffe de la Cour, le tout aux mêmes peines, tant contre chaque propriétaire que contre lesdits Officiers contrevenans.

Et afin que le présent arrêt soit notoire, ordonnent lesdits Juges qu'il sera imprimé, lu, publié et affiché aux portes de chacunes des églises paroissiales du ressort et partout où besoin sera ; qu'à cet effet, copies et exemplaires d'icelui seront envoyés aux officiers de chaque juridiction. Prononcé à Bordeaux, au dernier Ressort de la Cour de la Table de Marbre du Palais, le huitième du mois de juillet mil sept cent cinquante-quatre.

Monsieur LEBLANC DE MAUVESIN, Président.

Collationné. *Signé :* BARRIÈRE, Greffier.

ARRÊTÉ RÉGLEMENTAIRE.

Du 23 janvier 1811.

LE PRÉFET DU DÉPARTEMENT DE LA GIRONDE, BARON DE L'EMPIRE,

Vu les lois, réglements, instructions et arrêtés sur la police des fleuves et rivières navigables et flottables ou non flottables, des ruisseaux et fossés de dessèchement ou de dégorgement affluents aux rivières;

Vu la lettre de M. le Conseiller d'État, Directeur Général des Ponts et chaussées, du 4 juillet dernier;

Considérant que les cours des eaux sont l'un des objets qui doivent le plus fixer l'attention de l'administration à cause de leur influence sur la navigation, sur l'abondance des récoltes, la salubrité de l'air et le service des moulins et des usines;

Que quoique les réglements rendus sur ces matières renferment les dispositions les plus détaillées et les plus précises, il n'en est pas dont l'infraction soit plus fréquente et plus habituelle, ainsi que cela résulte des plaintes multipliées qui parviennent à l'administration, soit sur les travaux que les propriétaires riverains des rivières se permettent sur leurs bords, soit sur le placement des moulins à nef ou sur bateaux, soit sur les inondations ou la stagnation des eaux produite par le défaut des curages, la trop grande hauteur des déversoirs des moulins, souvent leur mauvaise position, quelquefois même la non existence de ces déversoirs;

Considérant que toutes ces contraventions étant signalées et réprimées par nos lois, il est nécessaire de rappeler et de réunir, dans un seul arrêté, les dispositions de ces lois et des réglements de la matière, afin que les citoyens connaissent leurs obligations, et que les magistrats et agents de l'administration publique sachent aussi, et les devoirs qu'ils ont à remplir, et la surveillance qu'ils ont à exercer;

ARRÊTE :

§ Ier.

De la police des Fleuves et Rivières navigables et flottables (1).

ARTICLE 1er. Il est défendu à tous propriétaires riverains des fleuves et rivières navigables ou flottables du département, de faire aucuns batardeaux, écluses, gords, pertuis, murs, plants d'arbres, amas de pierres ou de fascines, ou autres empêchements nuisibles au cours des eaux, ni d'y jeter aucunes immondices ou ordures, même de les rassembler sur les quais et rivages, d'en embarrasser ou altérer le lit, d'en affaiblir ou changer le cours par des tranchées ou autrement, à peine de 500 fr. d'amende (2); et d'y mettre rouir du chanvre (3), faire aucune fouille, ou tirer pierres, terres, sables, et autres matériaux, plus près des bords que douze mètres (4), à peine de 100 fr. d'amende. (*Ordonnance de 1669, titre 27, art. 40 et 42; arrêt du Conseil du 17 juillet 1782, art. 9 et 10, sur la navigation de la Garonne.*

(*Voir le Tableau ci-après*).

Observations.

(1) L'ordonnance du 10 juillet 1835 a classé ainsi qu'il suit les rivières navigables et flottables du département.

RIVIÈRES.	GENRE DE NAVIGATION.		POINT jusqu'où s'étend l'action de l'inscription maritime.
	FLOTTABLES EN TRAINS	NAVIGAB. PAR BATEAUX	
CIRON....	Depuis Travette, au-dessus d'Uzeste, jusqu'à son embouchure dans la Garonne.	Point de navigation par bateau.	*Néant.*
DORDOGNE.....	—	Sur tout son cours dans le départem^t	Castillon inclusivement.
DRONNE.......	—	Depuis Coutras jusqu'à son embouchure dans l'Isle.	*Néant.*
DROT.........	—	Du moulin de Labarthe, au-dessus de Morisés, à son embouchure dans la Garonne.	*Néant.*
GARONNE......	—	Sur tout son cours jusqu'à son embouchure dans la Gironde.	Mondiet, près et au-dessus de St-Macaire.
GIRONDE.......	—	Sur tout son cours jusqu'à son embouchure dans l'Océan.	
ISLE...........	—	Sur tout son cours jusqu'à son embouchure dans la Dordogne.	Coutras inclusivement.
LEYRE........	Du pont de Béliet à son embouchure dans le bassin d'Arcachon.	Point de navigation par bateau.	*Néant.*

(2) Les pénalités prononcées par les anciens règlements sont inexactement rapportées dans cet article.

Pour l'établissement de batardeaux, écluses, gords, pertuis, murs ou autres constructions ou empêchements quelconques *sur ou au long des rivières navigables,* la peine est l'amende de 1000 *livres* prononcée par l'art. 1er de l'arrêt du Conseil du 24 juin 1777.

Pour les autres cas spécifiés dans l'arrêté, la peine est l'amende de 500 livres prononcée par l'art. 4 du même arrêt. Elle est réduite à 300 livres, pour la Garonne, par l'art. 9 du titre 2 de l'arrêt du 17 juillet 1782.

Ces pénalités ont remplacé celles des art. 40 et 42 du titre 27 de l'ordonnance de 1669.

Aux termes de la loi du 23 mars 1842, les amendes peuvent être modérées jusqu'au 20e, sans toutefois que le minimum puisse descendre au dessous de 16 francs.

(3) Voir les observations sur l'art. 3.

(4) Pour la Garonne, la distance est fixée à 10 *toises* ou 20 mètres, par l'art. 9 du titre 2 de l'arrêt du Conseil du 17 juillet 1782.

Art. 2. Toutes jetées, nasses, plantations d'arbres ou buissons, faites sur les vieux bords ou sur les accolins ou attérissements, dans les parties couvertes par les plus hautes marées ; tous quais en pierre ou en bois, ou tous autres ouvrages, même défensifs, sans autorisation, sont expressément défendus. Ceux qui seront dans le cas de faire de pareils ouvrages pour la conservation de leurs propriétés attaquées par les courants ou par la formation des cales, seront tenus de nous en adresser la demande en permission, sur laquelle il sera statué d'après l'avis et le rapport de M. l'Ingénieur en chef ; le tout à peine de 500 francs d'amende. (*Arrêt du Conseil d'État, de* 1782 (1) ; *arrêté du Préfet, du* 22 *frimaire an XII* (2).

Observations.

(1) L'arrêt du Conseil du 17 juillet 1782 ne régit que la Garonne. Pour les autres rivières, il y a lieu à l'application des dispositions générales de l'Ordonnance de 1669 et de l'arrêt du Conseil du 24 juin 1777. Les peines sont, non, comme le porte l'article, une amende unique de 500 fr., mais, suivant les cas, les amendes de 1,000 fr., 500 fr. ou 300 fr. mentionnées dans les observations sur l'article précédent.

(2) Les dispositions de cet arrêté sont reproduites dans celui du 23 janvier 1811.

Art. 3. Il est défendu à toutes personnes de jeter dans les rivières aucune chaux, noix vomique, coque du Levant, et autres drogues ou appâts, à peine de punition corporelle. (*Ordonnance de* 1669, *titre* 31, *art.* 14).

Observations.

Cette disposition, qui appartient à la police de la pêche et non à celle de la navigation, est abrogée et remplacée par l'art. 25 de la loi du 15 avril 1829, relative à la pêche fluviale. Cet article porte : « Quiconque » aura jeté dans les eaux des drogues ou appâts qui sont de nature à » enivrer le poisson ou à le détruire, sera puni d'une amende de 30 fr. » à 300 fr., et d'un emprisonnement d'un mois à trois mois. »

La question du rouissage du chanvre, dans ses rapports avec la police de la pêche et la conservation du poisson, a aussi été agitée dans la discussion de la loi du 15 avril 1829. Un article du projet soumis à la Chambre des Pairs tendait à défendre, sous peine d'amende, le rouissage du lin, du chanvre et de toute autre plante textile dans les fleuves, rivières, canaux, et dans les ruisseaux y affluant. La Chambre supprima cet article comme contraire aux intérêts de l'agriculture, du commerce et de la marine. Toutefois, il ne parait pas douteux que l'administration n'ait le droit, dans l'intérêt du service de la navigation, d'interdire les dépôts de chanvre, pour le rouissage, dans le lit des rivières, de même que les Maires ont le droit de défendre, dans les autres eaux, en vertu de la loi du 24 août 1790, les dépôts qui nuiraient à la salubrité publique. Les routoirs servant au rouissage en grand du chanvre par son séjour dans l'eau, sont d'ailleurs rangés, par les ordonnances du 14 janvier 1815 et du 5 novembre 1826, dans la catégorie des établissements dangereux, insalubres ou incommodes de première classe, qui ne peuvent être formés qu'avec l'autorisation du Gouvernement.

Art. 4. Il est ordonné à toutes personnes qui trouveront des épaves sur le bord ou dans le lit des rivières, de les hâler à terre et d'en faire la déclaration aux Maires, lesquels les feront déposer entre les mains de personnes solvables, et en dresseront procès-verbal, qui nous sera transmis par l'intermédiaire des Sous-Préfets, pour être statué sur les réclamations qui en seraient faites, ou être procédé en conformité de l'art. 16 du titre 31 de l'Ordonnance de 1669.

Peyrats ou Cales.

Art. 5. Nul peyrat, cale ou empiétement sur le lit d'une rivière ne peut avoir lieu sans notre autorisation.

Tous propriétaires de peyrats ou autres travaux de cette nature déjà existants, seront tenus de représenter au garde de la navigation, dans sa première tournée, le titre en vertu duquel lesdits peyrats ou travaux ont été exécutés.

En cas de représentation de ce titre, le garde de la navigation vérifiera si lesdits peyrats ou travaux ont été exécutés conformément au titre ; et il en dressera procès-verbal qui sera remis à M. l'Ingénieur en chef, pour être par nous statué sur son avis.

Au cas qu'il n'y ait point de titre, le garde de la navigation en dressera pareillement procès-verbal qu'il remettra à M. l'Ingénieur en chef, pour, sur son avis, être décidé si lesdits peyrats ou travaux sont ou non nuisibles à la navigation.

Observations.

La peine, en cas de contravention, est l'amende de 500 fr. prononcée, pour la Dordogne, par l'arrêt du Conseil du 31 août 1728; pour la Garonne, par l'arrêt du Conseil du 17 juillet 1782, et pour les rivières en général, par l'arrêt du Conseil du 24 juin 1777. L'amende peut même, dans certains cas et d'après la nature des constructions ou *empêchements*, être élevée jusqu'à 1,000 fr., aux termes de l'art 1er de ce dernier arrêt. (Voir la note (2) sur l'article 1er.)

Moulins à nef ou sur bateaux.

(Les moulins à nef ou sur bateau qui existaient sur les rivières navigables du département ont tous été supprimés, et aucune autorisation ne serait maintenant accordée pour en établir de nouveaux. Il nous a paru, en conséquence, inutile de reproduire les art. 6, 7, 8 et 9 de l'arrêté, qui étaient relatifs à ces moulins.)

Chemins de halage (1).

ART. 10. Conformément aux dispositions de l'Ordonnance de 1669 (2), aux art. 649 et 650 du Code Napoléon, au Décret impérial du 16 messidor an XIII (3), les propriétaires des héritages aboutissants aux rivières navigables, laisseront le long de leurs bords où il n'y a pas de tirage à chevaux établi, la place de trois mètres trente-trois centimètres en largeur, sans qu'ils puissent planter des arbres, ni tenir clôture ou haie plus près, à peine de 500 fr. d'amende, confiscation des arbres; et être les contrevenants contraints à réparer et remettre les chemins en état, à leurs frais.

En conséquence, tous propriétaires sont tenus d'enlever, sans délai, tous les arbres ou buissons qui gêneraient le libre passage, en se conformant, quant aux distances, à la disposition précédente. Ils sont pareillement tenus d'établir sur leurs fossés de dégorgement ou de clôture, affluents à la rivière, de petits ponts en bois, à leurs frais, afin qu'il y ait une libre circulation de passage.

Le droit de servitude des pêcheurs à terre se borne à l'usage du marchepied, tel que l'ont les autres navigateurs (4).

Observations

(1) Trois arrêtés du Préfet de la Gironde, du 1er juin 1840, du 25 août 1841 et du 6 octobre 1843, ont fixé la largeur et réglementé la police des chemins de halage de la Garonne, en amont de Bordeaux.

(2) L'art. 7 du titre 28 de cette ordonnance porte: « Les propriétaires » des héritages aboutissants aux rivières navigables laisseront le long » des bords 24 pieds au moins de place en largeur pour chemin royal » et trait des chevaux, sans qu'ils puissent planter arbres ni tenir clô- » ture ou haie plus près de 30 pieds du côté que les bateaux se tirent, » et 10 pieds de l'autre bord, à peine de 500 livres d'amende, confisca- » tion des arbres, et d'être les contrevenants contraints à réparer et » remettre les chemins en état à leurs frais. »

Ces dispositions ont été déclarées spécialement applicables à la Dordogne par l'arrêt du Conseil du 31 août 1728, et à la Garonne, par celui du 17 juillet 1782.

Elles ont été reproduites par l'arrêté du Gouvernement du 13 nivôse an V, qui porte en outre: « Seront tenus tous propriétaires d'héritages » aboutissant aux rivières et ruisseaux flottables à bûches perdues de » laisser le long des bords 4 pieds pour le passage des employés à la » conduite des flots. »

Aux termes du décret du 22 janvier 1808, une indemnité est due, pour l'établissement de la servitude du halage, aux riverains des fleuves et rivières qui ne sont devenus navigables que depuis l'ordonnance de 1669.

(3) Ce décret porte annullation d'un arrêté du Conseil de préfecture du Département de la Gironde, par suite d'un avis du Conseil d'Etat dont les conclusions sont:

« 1o Que la disposition de l'art. 7 du titre 28 de l'Ordonnance des eaux » et forêts de 1669, confirmée par le Code civil, s'applique à toutes les » rivières et fleuves navigables, soit que la navigation s'y fasse à trait » de chevaux et d'hommes, ou à l'aide du flux ou reflux, ou par l'im- » pulsion du vent; mais que l'espace de vingt-quatre ou trente pieds » spécifié dans cet article ne peut être exigé que sur le bord du côté » que le tirage a lieu, et se trouve restreint à dix pieds pour chacun » des deux bords, tant qu'il n'y a pas de tirage à chevaux d'établi;

» 2o Que la loi du 14 floréal an X n'ayant rien innové ni ajouté à cette » disposition, le droit de servitude des pêcheurs à terre se borne à l'u- » sage du marchepied, tel que l'ont les autres navigateurs. »

(4) L'art. 35 de la loi du 15 avril 1829, sur la pêche fluviale, porte :

« Les fermiers (du droit de pêche) et porteurs de licences ne pourront » user, sur les fleuves, rivières et canaux navigables, que du chemin de

» halage, sur les rivières et cours d'eau flottables, que du marchepied.
» Ils traiteront de gré à gré avec les propriétaires riverains pour l'usage
» des terrains dont ils auront besoin pour retirer et asséner leurs
» filets. »

Art. 11 et 12. (Ces articles, relatifs au mode de constatation
et de répression des contraventions en matière de chemins de
halage, sont remplacés par les règlements spéciaux rendus ou à
intervenir relativement à la police du halage sur les diverses
rivières navigables. — Il est donc inutile de les reproduire)

§ II.

*De la police des rivières non flottables, canaux ou fossés de dé-
gorgement des eaux ou de dessèchement, vulgairement appelés
jales, esteys ou mères d'eau.*

Art. 13. Tout propriétaire riverain des jales, esteys ou ruisseaux affluents aux rivières, dans le canal desquel les bateaux re-
montent, sont tenus de laisser, dans l'étendue que ces bateaux
peuvent parcourir, indépendamment du talus, un espace d'un
mètre cinquante centimètres de largeur sur les bords, libre de
tous empêchements à une libre circulation, tels qu'arbres, buissons, vases, piquets ou murailles.

Les contraventions seront constatées, dans toutes les parties
navigables, concuremment par MM. les Maires, Ingénieurs et par
le garde de la navigation, et réprimées conformément aux dispositions des art. 11 et 12 du présent arrêté.

Observations.

La jurisprudence, dans son état actuel, annihile complétement cette
disposition, qui n'existait dans aucun des anciens règlements. — Voir,
page 37, l'arrêt du Conseil d'Etat du 12 mai 1847.

Il a été jugé par cet arrêt :

1° Que l'administration ne peut, sans excès de pouvoir, prescrire aucune mesure dans le seul intérêt de la navigation, à l'égard des esteys
qui n'ont pas été déclarés navigables ou flottables. (La déclaration de
navigabilité n'existe pour aucun estey dans le Département de la Gironde.)

2° Que notamment, et comme conséquence de ce principe, elle n'a
pas le droit d'ordonner l'établissement de chemins ou marchepieds de
halage sur le bord des esteys;

3° Qu'il lui appartient seulement de prendre les mesures nécessaires pour assurer le libre écoulement des eaux, en vertu des lois du 24 août 1790 et du 6 octobre 1791, en appliquant, quant au curage, les dispositions des arrêts de la Table de Marbre de 1749 et de 1754, et celles de l'arrêté du 23 janvier 1811.

ART. 14. Tout ruisseau, canal, estey, fossé de dégorgement ou de desséchement, ou mère d'eau, sera entretenu en bon état aux frais des propriétaires riverains, qui les tiendront constamment dégagés de tous empêchements nuisibles au cours des eaux, tels qu'arbres, buissons, batardeaux, et qui les cureront à vieux bords et à vieux sol toutes les fois que leur état l'exigera, et périodiquement et au moins tous les trois ans. (*Dispositions des différentes ordonnances de réformation des Grands Maîtres et Maîtrise des Eaux et Forêts.*)

ART. 15. Indépendamment du recurement périodique à vieux bords et à vieux sol, qui aura lieu au moins une fois tous les trois ans, les propriétaires seront en outre tenus de couper, au moins une fois par an, les roseaux et autres plantes aquatiques qui gênent l'écoulement des eaux.

Les propriétaires sont aussi obligés, en tout temps, de faire enlever, chacun en droit soi, tous les éboulements de terre ou autres obstacles nuisibles au cours des eaux, qui pourraient arriver accidentellement.

ART. 16. En conséquence, tous esteys, ruisseaux, canaux, fossés de dégorgement et desséchement, ou mères d'eau, dont le recurement n'a pas été fait depuis trois ans, seront recurés dans le cours de la présente année, par les soins des propriétaires riverains.

ART. 17. Dans tous les cours d'eau où le recurement à vieux bords et vieux sol n'aura pas lieu, comme ayant été fait depuis moins de trois ans ou comme n'ayant pas été jugé nécessaire, les propriétaires feront couper les roseaux et les plantes aquatiques dans les mois d'août et de septembre de la présente année, de manière que cette opération soit terminée au 1er octobre suivant, soit pour la présente année, soit pour l'avenir.

ART. 18. Les contraventions aux cinq articles précédents seront punies d'une amende de 50 fr. qui sera prononcée par le Conseil de Préfecture (*Arrêt du Conseil du 27 septembre 1729*), indépendamment des mesures qui vont être indiquées pour faire exécuter, aux frais des propriétaires contrevenants, les travaux qu'ils auront négligés.

Observations.

C'est par erreur que cet article attribue au Conseil de Préfecture la connaissance des contraventions. En matière de cours d'eau non navigables ni flottables, le Conseil de Préfecture n'est compétent que pour statuer, en vertu de l'article 4 de la loi du 14 floréal an XI, *sur les contestations relatives au recouvrement des rôles, aux réclamations des individus imposés et à la confection des travaux.* — Quant aux infractions aux arrêtés ayant le caractère de police, c'est au Tribunal de simple police qu'il appartient de les réprimer, en appliquant la peine prononcée par l'art. 471 du Code pénal, *contre ceux qui auront contrevenu aux règlements légalement faits par l'autorité administrative.* (Voir, page 6, l'avis du Conseil d'État du 24 ventôse an XII.)

Art. 19. Pour l'exécution des dispositions contenues aux articles 14, 15, 16 et 17 du présent arrêté, dans la huitaine de sa réception, MM. les Maires, accompagnés de deux propriétaires présents dans la commune, et les plus intéressés, par la position de l'étendue de leurs terres, au dégorgement des eaux, parcourront, dans toute leur longueur, les cours d'eau mentionnés dans lesdits articles, qui se trouveront dans la commune, et en reconnaîtront l'état actuel, leur largeur, leur longueur et leur profondeur moyenne, l'étendue que ces cours d'eau parcourent dans la commune, les autres communes qu'ils traversent, la hauteur jusqu'à laquelle remonte la marée ; s'il y a lieu, les portions de territoire que ces eaux sont destinées à dessécher, ou dont ils doivent dégorger les eaux. Il sera dressé procès-verbal de cette visite, dont une expédition restera entre les mains du Maire, et l'autre sera donnée au Sous-Préfet de l'arrondissement. L'opération mentionnée dans le présent article sera terminée dans quinzaine.

Art. 20. Le premier Dimanche du mois d'octobre prochain, MM. les Maires de toutes les communes traversées par un même cours d'eau se rendront dans la commune dont ils sont invités à convenir entre eux, ou qui, à défaut et sur la demande de l'un d'eux, sera désignée par le Sous-Préfet de l'arrondissement. Cette réunion sera présidée par le Maire le plus ancien d'âge. Chaque maire est autorisé à se faire représenter dans ladite réunion par l'un des deux propriétaires qui l'auront assisté dans l'opération prescrite par l'article précédent, et qui, dans ce cas, aura voix délibérative. Les autres propriétaires qui auront concouru, dans les communes respectives, à ladite opération, seront libres d'assister à ladite réunion, ou d'y exposer leurs vues et de présenter leurs observations.

Art. 21. L'assemblée ainsi composée, après avoir pris connaissance des procès-verbaux dressés en exécution de l'art. 19, réglera la nature des travaux à faire dans les divers cours d'eau pour assurer l'écoulement des eaux, l'époque où lesdits travaux seront commencés et achevés, les lieux par lesquels ils devront commencer, et en remontant de l'embouchure à la source.

Il sera nommé, dans la même assemblée, un ou plusieurs commissaires surveillants, pris, soit parmi MM. les Maires, soit parmi les propriétaires mentionnés dans l'art. 19, pour assurer la bonne exécution des travaux ordonnés dans ladite assemblée.

Il sera dressé du tout un procès-verbal dont une expédition sera remise à chacun des Maires qui auront composé l'assemblée, et une autre sera adresssée au Sous-Préfet de l'arrondissement.

Art. 22. — Les Commissaires nommés en exécution de la précédente disposition sont spécialement chargés, de concert avec les Maires de chaque commune, d'inspecter, visiter et surveiller les travaux ordonnés, de s'assurer s'ils sont faits exactement, régulièrement et aux époques prescrites. Les propriétaires *seront avertis de leur obligation d'exécuter lesdits travaux, par l'affiche du procès-verbal à la porte de la maison commune, et par la lecture publique qui en sera faite pendant deux dimanches consécutifs, à l'issue de la messe paroissiale, le tout à la diligence des Maires de chaque commune.*

Observations.

La publication du procès-verbal est insuffisante pour mettre régulièrement les propriétaires en demeure. La série des dispositions prescrites par l'arrêté du 23 janvier 1811 présente à cet égard une lacune que l'administration a constamment fait disparaître dans la pratique.

Soit que le curage n'intéresse qu'une seule commune, soit qu'il s'agisse d'un cours d'eau qui en traverse plusieurs et pour lequel il y ait lieu à l'application des articles 20, 21 et 22, le curage doit être prescrit par un arrêté du Maire.

Cet arrêté *vise* l'arrêt du Conseil du 27 septembre 1729, la loi du 11 floréal an XI, l'arrêté du 23 janvier 1811 et la loi du 18 juillet 1837.

Il détermine la largeur et la profondeur qui doivent être données au cours d'eau pour le rétablir à *vieux bords et vieux sol.*

Il indique l'époque à laquelle les travaux doivent être entrepris et le délai dans lequel ils doivent être exécutés.

Il statue que, à l'expiration de ce délai, les travaux non exécutés ou mal faits seront mis en adjudication publique, et que le prix en sera recouvré, comme en matière de contributions, sur les propriétaires qui étaient tenus de les faire.

Conformément à l'article 11 de la loi du 18 juillet 1837, l'arrêté du Maire doit être adressé au Sous-Préfet, et au Préfet pour l'arrondissement chef-lieu.

Art. 23. Les Commissaires surveillants constateront concurremment avec les Maires de chaque commune, aux époques prescrites pour l'entière confection des travaux, les propriétaires riverains qui auront négligé de les faire; ils en remettront l'état au Maire, qui les dénoncera au Sous-Préfet de l'arrondissement, pour la poursuite de l'amende (1). Sont néanmoins lesdits commissaires surveillants, ainsi que les Maires eux-mêmes, autorisés à faire exécuter les travaux aux frais des propriétaires négligents (2), pour le payement desquels ces propriétaires seront poursuivis, indépendamment de l'amende, comme en matière de contributions (3), ainsi que pour l'indemnité que pourraient prétendre les commissaires surveillants, pour prix de leurs soins et de leurs travaux, laquelle leur sera accordée s'ils en forment la demande, à régler par le Sous-Préfet de l'arrondissement.

Observations.

(1) Cette disposition doit être considérée comme non avenue. — Voir les observations sur l'article 18.

(2) C'est au Maire seul et non aux Commissaires surveillants qu'il appartient de faire exécuter les travaux. Il doit, après avoir constaté ou fait constater par un procès-verbal de reconnaissance quels sont ceux qui n'ont pas été exécutés, et en avoir fait dresser un état estimatif, les mettre en adjudication publique, suivant le même mode que pour les travaux communaux. Le procès-verbal de l'adjudication est soumis à l'approbation du Préfet.

Après l'achèvement et la réception des travaux, le prix en est réparti entre les propriétaires à la charge desquels ils ont été exécutés, au moyen d'un rôle qui est adressé au Préfet pour être rendu exécutoire et remis ensuite au Receveur municipal pour opérer le recouvrement des taxes.

(3) De l'assimilation des taxes aux contributions directes, il résulte :

Que le Conseil de Préfecture est juge des réclamations des propriétaires imposés;

Que les réclamations doivent être formées dans les trois mois de la publication du rôle, et dans le cas où le Maire aurait omis de faire cette publication suivant les formes prescrites pour les rôles des contributions, dans les trois mois de la remise de l'avertissement;

Qu'elles doivent être sur papier timbré, sauf le cas où la cote est inférieure à 30 fr.;

Qu'en cas de rejet de la réclamation par le Conseil de Préfecture, le recours devant le Conseil d'État peut être formé sans frais, par une requête sur papier timbré, accompagnée d'une expédition de la décision attaquée, qui est remise au Préfet pour être envoyée par lui au Président du Conseil d'État.

ART. 24. Il est expressément défendu à tout individu, même propriétaire de canaux, de jalles, ruisseaux ou mères d'eau. d'y mettre rouir du chanvre (1), d'y faire aucun batardeau, ou d'y jeter des ingrédients (2), sous les peines prononcées, et à peine en outre de tous dommages et intérêts.

Observations.

(1) Voir les observations sur l'article 3.
(2)   *Idem.*

Moulins situés sur Esteys, Canaux, Ruisseaux ou autres cours d'eau.

ART. 25. Conformément aux règlements et usages de la ci-devant province de Guyenne, tous les moulins situés sur les esteys, jales, ruisseaux ou autres cours d'eau doivent avoir leurs déversoirs.

La largeur et la hauteur des déversoirs sont déterminées par un arrêté particulier pris par nous, sur le rapport des ingénieurs. Les dimensions seront invariablement fixées par des repères. Il sera dressé procès-verbal de cette fixation.

Outre les déversoirs, les moulins établis sur des ruisseaux auront des empellements propres à faciliter le recurement du béal du moulin.

Observations.

A l'époque à laquelle l'arrêté du 23 janvier 1811 a été pris, l'opinion généralement admise attribuait aux Préfets le droit de régler le régime hydraulique des moulins et usines établis sur les cours d'eau non navigables ni flottables; mais, depuis, il a été reconnu que ce droit n'appartient qu'au Gouvernement. La question a été résolue dans ce sens par un avis du Conseil d'État, du 31 octobre 1817, et par un arrêt du même Conseil, du 30 mai 1821, qui a établi encore plus nettement que ne l'avait fait cet avis, que *l'établissement des moulins et usines, même sur les cours d'eau qui ne sont ni navigables ni flottables, ne peut être autorisé que par le Roi, sur le rapport du Ministre et d'après l'avis du Préfet.*

Depuis cette époque, un grand nombre de règlements ont déjà été établis, non-seulement pour des usines nouvelles, mais pour d'anciennes usines qui en étaient dépourvues. Il en sera fait successivement pour toutes celles qui n'en ont pas encore.

Les dispositions suivantes, qui déterminent les attributions des Maires et les obligations des usines plus explicitement que ne l'avait fait l'arrêté du 23 janvier 1811, sont maintenant insérées dans tous les règlements :

« Dès que les eaux dépasseront le niveau légal de la retenue, le pro» priétaire de l'usine ou son fermier sera tenu de lever les vannes de » décharge, de manière à ramener et à maintenir lesdites eaux a ce » niveau.

» En cas de refus ou de négligence de leur part d'exécuter cette » manœuvre en temps utile, il y sera procédé d'office et à leurs frais » par le Maire de la commune, et ce indépendamment de toute action » civile dont ils seraient passibles pour raison des pertes ou dommages » résultant de ce refus ou de cette négligence.

» Afin de faciliter à l'avenir les moyens de constater les changements » qui pourraient être indûment apportés à la hauteur de la retenue des » eaux, il sera posé, à proximité du bief de l'usine, sur un point appa» rent et de facile accès, qui sera désigné par l'Ingénieur chargé de » surveiller l'exécution des travaux, un repère définitif et invariable » auquel seront rapportées toutes les hauteurs des ouvrages hydrauli» ques de l'usine.

» Le permissionnaire ou ses ayants-cause seront tenus d'effectuer le » curage à vif fond du bief de leur usine dans toute l'amplitude du re» mous produit par ladite usine, toutes les fois que la nécessité s'en » fera sentir et qu'ils en seront requis par l'autorité administrative, si » mieux n'aiment les riverains opérer ce curage eux-mêmes et à leurs » frais, et sauf l'application des règlements particuliers et locaux.

» Les droits des tiers sont et demeurent expressément réservés.

» Faute par le permissionnaire de se conformer exactement aux dis-

» positions du présent, l'usine sera mise en chômage par un arrêté du
» Préfet, sans préjudice de l'application des lois pénales relatives aux
» contraventions en matière de cours d'eau.

» Il en sera de même dans le cas où, après s'être conformé à ce qui
» est prescrit, le permissionnaire viendrait par la suite à former quel-
» que entreprise sur le cours d'eau ou à changer l'état des lieux sans
» y avoir été préalablement autorisé.

» Le permissionnaire ou ses ayants-cause ne pourront prétendre à
» aucune indemnité ni dédommagement quelconque dans le cas où,
» pour l'exécution de travaux dont l'utilité publique aura été légalement
» constatée, l'administration jugera convenable de faire des disposi-
» tions qui les privent, en tout ou en partie, des avantages résultant
» de la présente autorisation, tous droits antérieurs réservés. »

ART. 26. Pour s'assurer si les propriétaires desdits moulins se
sont conformés aux dispositions énoncées par l'article précédent,
les Maires, en faisant la visite prescrite par l'article 19, dresseront un procès-verbal séparé de l'état desdits moulins, dans lequel
ils feront connaître si toutes lesdites dispositions sont fidèlement
remplies ; une expédition de ce procès-verbal sera adressée au
Sous-Préfet de l'arrondissement, pour être, s'il y a lieu, par nous
statué sur son avis.

ART. 27. Dans les grandes eaux, soit qu'elles soient occasionnées par les pluies d'orage, fonte de neiges ou autrement, les meu-
niers sont tenus de laisser les vannes et écluses ouvertes, à peine
de dommages et intérêts des dégâts occasionnés par leur faute, et
de 100 fr. d'amende, en conformité de la loi du 6 octobre 1791.

Observations

La pénalité prononcée par la loi du 6 octobre 1791 est inexactement
reproduite dans cet article.

Cette loi porte, titre 2, art. 16 : « Les propriétaires ou fermiers des
» moulins et usines construits ou à construire seront garants de tous
» dommages que les eaux pourraient causer aux chemins ou aux pro-
» priétés voisines, par la trop grande élévation du déversoir ou autre-
» ment. Ils seront forcés de tenir les eaux à une hauteur qui ne nuise
» à personne, et qui sera fixée par le Directoire du Département,
» d'après l'avis du Directoire du District (*maintenant par un arrêté*
» *du Gouvernement*). En cas de contravention, la peine sera une
» amende qui ne pourra excéder la somme du dédommagement. »

Ces dispositions ont été remplacées par l'art. 457 du Code pénal, ainsi
conçu : « Seront punis d'une amende qui ne pourra excéder le quart

» des restitutions et des dommages-intérêts, ni être au-dessous de cin-
» quante francs, les propriétaires ou fermiers, ou toute autre personne
» jouissant de moulins, usines ou étangs, qui, par l'élévation du déver-
» soir de leurs eaux au-dessus de la hauteur déterminée par l'autorité
» compétente, auront inondé les chemins ou les propriétés d'autrui.
» — S'il est résulté du fait quelques dégradations, la peine sera, outre
» l'amende, un emprisonnement de six jours à un mois. »

Art. 28. Les dispositions des articles 14, 15, 16, 17 et 18 sont
en tout applicables à l'obligation de recurer et nettoyer les canaux
des moulins, de leur béal ou gourgue, laquelle obligation regarde,
ou les propriétaires des moulins ou les propriétaires riverains, suivant les droits qu'établissent à cet égard les usages locaux ou les
conventions particulières.

Les moulins établis sur la rivière du Ciron se trouvent compris
dans la disposition générale du présent arrêté, sans préjudice des
arrêtés particuliers qui les concernent, à raison du mode de flot-
tage qui y est établi.

Observations.

Le Ciron a été classé comme rivière flottable par l'Ordonnance du
10 juillet 1835. — Les Ingénieurs s'occupent de la préparation d'un
règlement pour les usines qui y sont établies.

Art. 29. Tous les propriétaires qui voudront faire construire
de nouveaux moulins, en rétablir d'abandonnés, tous propriétaires
de moulins existants, qui voudraient faire rétablir leurs écluses,
vannes ou digues, ne pourront le faire qu'après nous en avoir de-
mandé et obtenu l'autorisation par l'intermédiaire du Maire de la
commune et du Sous-Préfet de l'arrondissement. Cette autorisation
sera confirmée suivant les formes prescrites par l'art. 9 de l'arrêté du Gouvernement du 19 ventôse an VI, après avoir rempli les
formalités indiquées par la circulaire de S. Exc. le Ministre de l'Intérieur, du 17 thermidor suivant :

Observations.

Voir les observations sur l'art. 25.

Art. 30. Dans tous les cas où il y aura lieu à un exécutoire
pour des ouvrages faits par adjudication ou autrement, contre des
contrevenants, l'exécutoire sera remis au Percepteur des contributions, pour la rentrée en être poursuivie comme en matière de

contributions publiques, et le Percepteur aura la même remise que sur les contributions directes.

Observations.

Voir les observations sur l'art. 23.

Art. 31. Les Sous-Préfets, les Maires, les Ingénieurs des Ponts et chaussées, le Garde de la navigation, les agents maritimes et forestiers, dans les limites de leurs attributions respectives, sont spécialement chargés de l'exécution du présent arrêté, qui sera imprimé, publié et affiché dans toutes les communes du Département.

Fait à Bordeaux, à l'hôtel de la Préfecture, les jour, mois et an que dessus.

Le Préfet, *Signé* GARY.

L'arrêté ci-dessus a été approuvé par le Directeur général des Ponts et chaussées le 14 septembre 1811. — L'approbation a été renouvelée par une lettre du Directeur général des Ponts et chaussées et des mines, du 28 février 1820,

Arrêt du Conseil d'État, du 12 mai 1847.

NOTICE.

Il existe sur le territoire des communes de Saint-Médard d'Ey-rans et de l'Isle Saint-George, deux cours d'eau connus sous les noms d'*Estey de Saint-Médard* et d'*Esteyrolle*, sujets au flux et au reflux, et sur lesquels, par suite de cette circonstance, il s'est établi, comme sur la plupart des autres esteys débouchant dans la Garonne, une navigation intermittente pour le transport des denrées et des récoltes des localités voisines.

En 1840, les Maires de l'Isle Saint-George et de Saint-Mé-dard ayant ordonné le curage de ces cours d'eau à 5ᵐ de largeur et 2ᵐ 67ᶜ de profondeur, M. Desgrottes, propriétaire riverain ré-clama contre leurs arrêtés. D'un autre côté, le même propriétaire ayant établi les culées d'un pont qu'il voulait construire sur l'Es-teyrolle, fut arrêté par l'opposition de plusieurs autres riverains qui prétendirent que l'établissement de ce pont rendrait la naviga-tion impossible.

Dans ces circonstances, il intervint, le 2 août 1841, un arrêté du Préfet qui maintint les arrêtés municipaux relatifs au curage, autorisa M. Desgrottes à conserver les constructions qu'il avait commencées pour l'établissement d'un pont, mais sous la condi-tion que la hauteur des culées ne serait pas augmentée et qu'il ne serait placé sur la maçonnerie qu'un pont en bois ou pont tour-nant disposé de manière à laisser le passage libre toutes les fois qu'il serait nécessaire, et en outre enjoignit aux propriétaires ri-verains de l'estey de Saint-Médard de faire enlever, dans le délai d'un mois, les arbres, buissons et autres obstacles existants sur la rive gauche, sur une largeur de 1 mètre 50 centimètres, afin de rendre libre le marchepied de halage.

Cet arrêté fut confirmé par une décision du Ministre des tra-vaux publics, du 28 octobre 1842, sauf une modification dans les dispositions relatives à la construction des culées du pont, modifi-cation par suite de laquelle le Préfet prit, le 2 janvier 1843, un nouvel arrêté qui prescrivit à M. Desgrottes de laisser entre les culées sur-élevées une largeur égale à celle du cours d'eau.

M. Desgrottes se pourvut devant le Conseil d'État contre les deux arrêtés du Préfet et la décision du Ministre.

Il soutint que l'Esteyrolle et l'Estey de Saint-Médard n'ayant jamais été déclarés ni navigables ni flottables, l'administration n'avait le droit, ni de lui imposer l'obligation d'établir un pont tournant dans l'intérêt de la navigation, ni d'enjoindre aux riverains d'établir un chemin de halage qui n'avait jamais existé. Il soutint, par les mêmes motifs, que le Préfet avait excédé ses pouvoirs en fixant la hauteur des culées et le débouché du pont. Quant au curage, il prétendit qu'il était inutile, et que, dans tous les cas, la largeur du lit des ruisseaux en question n'ayant jamais été que de 3ᵐ 50ᶜ, l'administration ne pouvait pas exiger qu'ils fussent curés à 5 mètres.

Le Conseil d'État a statué en ces termes :

CONSEIL D'ÉTAT.

Extrait des registres des délibérations.

Séance du 23 avril 1847.

Louis-Philippe, Roi des Français,

Sur le rapport du Comité du contentieux,

Vu la requête à nous présentée par le sieur Desgrottes, ladite requête enregistrée au Secrétariat général de notre Conseil d'État le 11 mars 1843, et tendant à ce qu'il nous plaise annuler, 1° une décision de notre Ministre des travaux publics, du 28 octobre 1842, confirmative d'un arrêté du 2 avril 1841, par lequel le Préfet de la Gironde a interdit au requérant d'établir un pont fixe sur le ruisseau de l'Esteyrolle dont il est riverain des deux côtés, lui a enjoint de curer ledit ruisseau à une largeur de 5 mètres, enfin lui a prescrit de laisser un marchepied de halage sur un ruisseau non navigable, dit l'Estey de Saint-Médard ; 2° pour incompétence et excès de pouvoir, un arrêté du Préfet de la Gironde, en date du 2 janvier 1843, lequel, au lieu de prescrire purement et simplement l'exécution de la décision sus-énoncée, en aurait aggravé les dispositions ;

Vu les arrêtés et la décision attaqués ;

Vu la lettre de notre Ministre des travaux publics, en réponse à la communication qui lui a été donnée du pourvoi sus-visé ; ladite lettre enregistrée au Secrétariat général du Conseil d'État le 22 janvier 1845, qui conclut à ce que le susdit pourvoi soit rejeté comme non recevable et mal fondé ;

Vu le mémoire en réplique produit par le sieur Desgrottes, ledit mémoire enregistré comme dessus le 15 novembre 1845, et tendant aux mêmes fins que la requête ;

Vu une nouvelle lettre de notre Ministre des Travaux publics, enregistrée comme dessus le 7 août 1846, qui conclut au rejet du pourvoi du sieur Desgrottes ;

Vu un nouveau mémoire du sieur Desgrottes, enregistré au Secrétariat général de notre Conseil d'État, le 14 août 1846 ;

Vu les arrêtés de la Table de Marbre de Bordeaux, des 15 juillet 1749 et 8 juillet 1754 ;

L'arrêté réglementaire du 23 janvier 1811, et toutes les pièces produites ;

Ouï M⁰ Moutard-Martin, avocat du requérant ;

Ouï M. Boulatignier, maître des requêtes, commissaire du Roi ;

Sur l'arrêté du 2 avril 1841 et la décision confirmative de notre Ministre des Travaux publics, du 28 octobre 1842 ;

En ce qui touche l'établissement d'un pont fixe sur l'Esteyrolle ;

Considérant qu'il résulte des termes même de l'arrêté attaqué, que l'injonction faite au sieur Desgrottes de n'établir sur l'Esteyrolle qu'un pont tournant a eu pour objet, non pas de faciliter le libre écoulement des eaux, mais de favoriser la navigation ;

Considérant que l'Esteyrolle n'a pas été déclaré navigable ou flottable ;

Que, dès-lors, en prenant la mesure dont il s'agit dans le seul intérêt de la navigation, le Préfet de la Gironde a excédé ses pouvoirs.

En ce qui touche le curage de l'Esteyrolle :

Considérant qu'il résulte des anciens règlements, et notamment de l'arrêt de la Table de Marbre du Palais de Bordeaux, en date du 8 juillet 1754, que les propriétaires des terrains traversés ou bordés par les ruisseaux et esteys du ressort de ladite Cour, sont tenus de faire nettoyer et curer les susdits ruisseaux et esteys à la largeur et profondeur nécessaire et convenable ;

Que l'arrêté réglementaire du 23 janvier 1841 impose aux mêmes propriétaires l'obligation de faire curer les ruisseaux et esteys à vieux bords et vieux sol toutes les fois que leur état l'exigera ;

Considérant, toutefois, qu'il résulte de l'instruction et notamment de la vérification faite sur les lieux par l'ingénieur des ponts et chaussées, le 7 août 1843, que la largeur du lit de l'Esteyrolle était autrefois de 3 mètres 50 centimètres ;

Que, dès-lors, si le Préfet de la Gironde avait le droit d'en ordonner le curage à ladite largeur, et même, en cas d'urgence de prendre les mesures provisoires que la nécessité du libre écoulement des eaux eût pu exiger, il ne pouvait, par mesure permanente et définitive, imposer aux riverains l'obligation du curage qu'à 3 mètres 50 centimètres de largeur ;

Qu'ainsi, en ordonnant purement et simplement aux riverains, par l'arrêté attaqué, de faire curer ledit estey, en le portant à 5 mètres de largeur, ledit Préfet a excédé ses pouvoirs.

En ce qui touche l'établissement d'un marchepied de halage sur l'estey de Saint-Médard :

Considérant que l'estey de Saint-Médard n'a pas été déclaré navigable ou flottable, qu'il ne résulte pas de l'instruction qu'il ait jamais existé de marchepied de halage le long dudit estey ;

Que, dès-lors, le Préfet de la Gironde, en ordonnant aux riverains de laisser libre sur l'estey de Saint-Médard un marchepied de halage, a excédé ses pouvoirs.

Sur l'arrêté du 2 janvier 1843 :

Considérant qu'aux termes des lois du 12-20 août 1790 et des 28 septembre-6 octobre 1791, l'administration a le droit et le devoir de prendre les mesures nécessaires pour assurer le libre écoulement des eaux ;

Qu'en prescrivant au sieur Desgrottes de laisser, entre la surélévation des piles du pont qu'il se proposait d'établir, une largeur égale à celle du cours d'eau, l'arrêté du Préfet de la Gironde a eu pour objet d'assurer le libre écoulement des eaux ;

Que, dès-lors, le Préfet de la Gironde, par la disposition dont il s'agit, n'a pas excédé ses pouvoirs, et qu'au fond son arrêté sur ce point est un acte administratif qui n'est pas de nature à nous être déféré par la voie contentieuse ;

Notre Conseil d'Etat entendu,

Nous avons ordonné et ordonnons ce qui suit :

ARTICLE 1er. L'arrêté du Préfet de la Gironde, du 2 avril 1841, ensemble la décision confirmative de notre Ministre des Travaux publics, du 28 octobre 1842, sont annulés dans celles de leurs dispositions qui ont prescrit de n'établir qu'un pont tournant sur l'Esteyrolle, de porter à 5 mètres la largeur dudit estey, et d'établir un marchepied de halage le long de l'estey de Saint-Médard.

ART. II. Le surplus des conclusions du sieur Desgrottes est rejeté.

Approuvé le 12 mai 1847.

Signé, LOUIS-PHILIPPE.

Par le Roi :

Le Garde des Sceaux, Ministre Secrétaire d'Etat au département de la Justice et des Cultes,

Signé, HÉBERT.

Circulaire adressée par le Préfet du département de la Gironde aux Maires des communes du département.

Bordeaux, le 31 Juillet 1847.

Messieurs,

La loi du 14 Floréal an XI porte :

« Il sera pourvu au curage des canaux et rivières non navigables
» et à l'entretien des digues et ouvrages d'art qui y correspondent,
» de la manière prescrite par les anciens règlements ou d'après les
» usages locaux. »

Un arrêté du Préfet de la Gironde, du 23 janvier 1811, approuvé le 14 Septembre de la même année par M. le Directeur général des Ponts et Chaussées, a réglementé le curage des ruisseaux, canaux, et fossés, en le mettant à la charge des riverains, *conformément aux dispositions de différentes ordonnances de réformation des grands maîtres et maîtrise des eaux et forêts.*

Cette mention générale et sommaire des ordonnances de la maîtrise, sans indication de leur date, a quelquefois laissé des doutes sur la question de savoir si les dispositions de l'arrêté du 23 Janvier 1811 étaient toutes la reproduction des anciens règlements déclarés obligatoires par la loi de l'an XI. Il en est résulté, dans certaines communes, une incertitude et des discussions qui ont empêché de donner au curage des cours d'eau tous les soins que réclament les intérêts de la salubrité publique et de l'agriculture.

Afin d'obvier à cet inconvénient et de parvenir à établir d'une manière authentique les droits et les obligations tant de l'administration que des riverains, j'ai recherché les anciens règlements sur lesquels était basé l'arrêté de 1811.

Ceux que j'ai pu réunir sont :

1° Un arrêté du Conseil d'État, du 27 Septembre 1729 ;

2° Un arrêt de la Cour de la Table de Marbre du Palais à Bordeaux, du 15 Juillet 1749 ;

3° Un autre arrêt de la même Cour, du 8 Juillet 1754, intervenu pour un cas particulier, mais qui, en même temps, statue d'une manière générale, en reproduisant et en développant les dispositions de celui de 1749.

L'occasion de constater l'existence et la valeur légale de ces divers actes s'est récemment présentée dans une affaire portée devant le Comité du contentieux du Conseil d'État. Un arrêt de ce Conseil, approuvé par une Ordonnance du Roi du 12 Mai 1847, après avoir visé les arrêts de 1749 et de 1754, et l'arrêté réglementaire du 23 Janvier 1811, admet en principe : « Qu'il résulte » des anciens règlements et notamment de l'arrêt de la Table de » Marbre du Palais de Bordeaux, du 8 Juillet 1754, que les pro- » priétaires des terrains traversés ou bordés par les ruisseaux et » esteys du ressort de ladite Cour, sont tenus de faire nettoyer et » curer les susdits ruisseaux et esteys à la largeur et profondeur » nécessaires et convenables ;

» Que l'arrêté réglementaire du 23 Janvier 1811 impose aux » mêmes propriétaires l'obligation de faire curer les ruisseaux et » esteys à vieux bords et vieux sol, toutes les fois que leur état » l'exige. »

L'arrêt établit en outre que quand le lit d'un cours d'eau avait autrefois une largeur déterminée, l'administration a le droit d'en ordonner le curage à ladite largeur, et même, en cas d'urgence, de prendre les mesures provisoires que la nécessité du libre écoulement des eaux peut exiger.

Il rappelle, enfin, qu'aux termes des lois des 12-20 Août 1790 et des 28 Septembre-6 Octobre 1791, l'administration a le droit et le devoir de prendre les mesures nécessaires pour assurer le libre écoulement des eaux.

Ainsi, Messieurs, il est maintenant constant que, sans qu'il soit besoin de rechercher d'anciens règlements ou usages locaux, le curage des ruisseaux, esteys, fossés de dégorgement ou de dessé-chement, est à la charge des riverains, en vertu des arrêts de 1729, 1749 et 1754, de la loi du 14 Floréal an XI et de l'arrêté réglementaire du 23 Janvier 1811.

MM. les Maires peuvent donc prescrire les curages nécessaires, en se basant sur ces actes et en se conformant aux dispositions de l'arrêté du 23 Janvier 1811.

Ce n'est pas seulement pour eux l'exercice d'un droit, c'est aussi l'accomplissement d'un devoir, que leur imposent les lois de 1790 et 1791. Je leur recommande de s'en occuper avec le plus grand soin et de prendre les mesures nécessaires pour faire effectuer en temps opportun le curage de tous les cours d'eau pou lesquels cette opération aurait jusqu'à présent été négligée ou incomplètement exécutée.

L'arrêté du 23 Janvier a été imprimé une première fois et adressé à MM. les Maires, avant d'avoir subi diverses modifications prescrites par la décision approbative du 14 Septembre 1811. Il a été réimprimé par extrait en 1831 (N° 378 *du Recueil des Actes administratifs.*) Comme il pourrait se faire que les archives de quelques communes ne possédassent plus que l'exemplaire de 1811, dont le texte a depuis été modifié, et comme, d'un autre côté, l'extrait de 1831 comprend diverses dispositions étrangères au curage, j'ai fait réimprimer, à la suite de la présente circulaire, les articles sur l'exécution desquels j'appelle aujourd'hui votre attention.

Pour le Préfet de la Gironde, à la Chambre des Pairs,
Le Secrétaire général, délégué, CH. DOSQUET.

Résumé de la jurisprudence du Conseil d'État en matière de curage des cours d'eau non navigables ni flottables.

Aux termes de la loi du 14 Floréal an XI, le recouvrement des rôles de répartition des sommes nécessaires au curage des rivières non navigables ni flottables, doit s'opérer de la même manière que celui des contributions publiques ; les contestations relatives au recouvrement de ces rôles et aux réclamations des individus imposés doivent être portées devant les Conseils de Préfecture. (*Arrêt du* 26 *Avril* 1844.)

Aux termes des lois des 12-20 Août 1790, 6 Octobre 1791, 14 Floréal an XI, l'autorité administrative est chargée de procurer le libre cours des eaux, et notamment de pourvoir au curage des rivières. L'autorité judiciaire ne peut connaître des mesures prises par l'administration dans ce but, et ordonner, même à titre provisoire, le rétablissement des ouvrages dont celle-ci a prescrit la suppression. Si les riverains croient devoir former des réclamations contre les travaux ordonnés, c'est à l'autorité administrative qu'il appartient, d'après les mêmes lois, d'apprécier ces réclamations. (*Arrêt du* 28 *Août* 1844.)

Rejet d'un pourvoi contre une décision du Préfet de Lot-et-Garonne, approbative d'un arrêté du Maire de Marmande, qui avait prescrit un curage en appliquant les anciens règlements, et notamment l'arrêt de la Cour de la Table de Marbre du Palais de Bordeaux, du 8 juillet 1754. (*Arrêt du 2 Février 1846.*)

Un Préfet n'excède pas ses pouvoirs en ordonnant le curage d'une rivière par application des anciens règlements. (Dans l'espèce, il s'agissait d'un édit du 8 mai 1651 et d'une délibération de la Cour souveraine du Parlement de Dôle, du 20 Novembre 1662.) S'il n'appartient qu'au Gouvernement d'autoriser, dans la forme des règlements d'administration publique, des travaux de redressement, les Préfets peuvent et doivent, en cas d'urgence, ordonner dans le lit des rivières les travaux reconnus nécessaires pour empêcher les inondations imminentes ou pour en diminuer les dangers. (*Arrêt du 25 Mars 1846.*)

C'est à l'autorité administrative, à l'exclusion de l'autorité judiciaire, qu'il appartient de connaître des actions en dommages intérêts formées par les riverains d'un cours d'eau navigable contre les ouvriers chargés d'effectuer le curage dudit cours d'eau, à l'effet d'obtenir la réparation du dommage qui aurait été causé à leur propriété par suite de l'exécution des travaux, alors que le curage n'a été opéré et que les ouvriers n'ont agi que d'après les ordres de l'administration. (*Arrêt du 30 Août 1847.*)

Aux termes de l'article 3 de la loi du 14 Floréal an XI, le recouvrement des sommes nécessaires au paiement des travaux de curage s'opère de la même manière que celui des contributions publiques. En conséquence, et conformément à l'article 30 de la loi du 21 Avril 1832, le recours contre les arrêtés du Conseil de Préfecture n'est soumis qu'aux droits de timbre et peut être transmis au Gouvernement sans frais, par l'intermédiaire du Préfet. (*Arrêt du 17 Février 1848.*)

Le Préfet et le Ministre des Travaux publics n'excèdent pas leurs pouvoirs en ordonnant le curage d'une rivière et l'enlèvement d'atterrissements nuisibles à l'écoulement des eaux. (*Arrêt du 18 Juin 1848.*)

Le président du Conseil chargé du pouvoir exécutif,

Vu la requête présentée par le sieur F. de R., ladite requête tendant à l'annulation d'un arrêté du Conseil de Préfecture de la Gironde, du 4 Janvier 1845, qui a rejeté la réclamation du requérant contre son inscription au rôle dressé pour le curage des douves de Lesparre;

Vu la loi du 14 Floréal an XI;

Vu l'arrêté du 15 Mars 1848 ;

Considérant qu'aux termes de l'art. 1er de la loi sus-visée, il doit être pourvu au curage des canaux et rivières non navigables de la manière prescrite par les anciens règlements ou d'après les usages locaux ;

Considérant qu'il résulte de l'instruction que les douves ou fossés de la ville de Lesparre sont des canaux de décharge et d'assainissement auxquels sont dès-lors applicables les dispositions de la loi de Floréal an XI ; que le Maire de Lesparre n'a fait que se conformer à l'usage local en ordonnant que le curage desdites douves serait fait par les propriétaires riverains, et, à leur défaut, par l'administration, à leurs frais ; que le requérant a été suffisamment mis en demeure de faire procéder lui-même au curage par la publication faite le 15 Août 1839 de l'Arrêté du Maire, et qu'ainsi c'est avec raison qu'il a été compris, comme propriétaire riverain, au rôle dressé pour la répartition des frais dudit curage.

ART. 1er. La requête du sieur F. de R. est rejetée.

(Arrêt du 18 décembre 1848.)

Le recouvrement des frais de curage étant assimilé par la loi du 14 Floréal an XI à celui des contributions directes, les réclamations ne sont recevables, aux termes de la loi du 21 Avril 1832, que si elles sont formées dans les trois mois de *l'émission* des rôles. *(Arrêt du 18 Décembre 1848.)*

Nota. D'après la loi du 4 Août 1844, qui a modifié sur ce point celle du 21 Avril 1832, le délai de trois mois court, non de *l'émission*, mais de *la publication* du rôle.

Les dispositions de la loi du 14 Floréal an XI sont applicables à un fossé qui reçoit, durant les hautes marées, les eaux d'une rivière et où elles sont retenues par des écluses, à l'effet d'être utilisées pour des irrigations, lorsqu'un usage ancien et constant en met le curage à la charge des riverains. Ce curage peut être prescrit par l'autorité administrative dans l'intérêt de la salubrité publique. *(Arrêt du 24 Mars 1849.)*

Sont exécutoires, lorsqu'ils n'ont été modifiés par aucun règlement d'administration publique, les anciens règlements et usages locaux qui mettent le curage à la charge des usiniers jusqu'à une distance déterminée en amont et en aval des usines, et à la charge des riverains au-delà de cette distance. *(Arrêt du 23 Avril 1849.)*

TABLE DES MATIÈRES.

BORDEAUX. — IMP. DE F. DEGRÉTEAU ET Cⁱᵉ.

www.ingramcontent.com/pod-product-compliance
Lightning Source LLC
Chambersburg PA
CBHW070810210326
41520CB00011B/1887